禅に親しむ

北野 大雲

はじめに

ここには禅に少しでも親しんでいただけるよう、私が「面白い」と感じた禅者の話を拾いあつめてみました。そして、それらの話に対して自由にコメントを付け加えてみました。

ただし、いま「面白い」と言いましたが、それはただの面白さを言うのではなく、そこに智慧の輝きのようなものが見られて、それが私たちの隠れた知性を刺激する、そういう「面白さ」を言います。

そういった禅者の言葉や行動は「悟りの智慧（般若）」に裏打ちされていますが、その智慧は吹毛剣《すいもうけん》にたとえられます。吹毛剣と言いますのは、毛を吹きかけますと毛が切れてしまうほど鋭い名剣のことです。ですので、ぞんざいに扱いますと大怪我をするかもしれない危険なものでもあります。取り扱いには注意をしなければなりません。取扱書（コメント）の必要なわけがここにもあります。

禅者の言行はそういう危険性を含んでいますので、また「毒」にもたとえることができます。毒も薬になりますが、それにはやはりしっかりした処方箋（コメント）が必要になります。私のコメントがそういうものとして役立ち、生きた真正の禅に親しんでいただく手引きとなれば喜ばしいことだと思います。

なお各話の冒頭や本文で引用しました文章は出典を記してはいますが、読者の便を考えて読みやすくするために、原文を訓読・意訳したり、概要にとどめたりし、必ずしも原文通りでないことをお断わりしておきます。

本書の出版に際し、禅文化研究所主幹の西村惠学氏にいろいろとお世話になりました。厚くお礼を申し上げたいと思います。

平成二十八年四月

北野　大雲

目次

目次

遊戯《ゆげ》　57

無《む》戒《かい》　85

達道《たつどう》　133

◆イラスト　濱地創宗《はまじそうしゅう》◆

毒語
  どくご

第一話　君たちはわかるのかね（大拙）

アメリカでの講義を終えて帰国した大拙《だいせつ》にある人が尋ねた、「禅の話などアメリカ人にわかりますか」。大拙、間髪を入れず、「君たちはわかるのかね」。

（西谷啓治編『回想鈴木大拙』）

賊馬《ぞくば》に騎《の》って賊を趕《お》う

禅を英語で海外に広めた鈴木大拙《すずきだいせつ》（一八七〇―一九六六）は、しばしば欧米各地に出かけて禅に関する講義や講演をすることがありました。この話はその旅行から帰ってきたときのものです。

この話に見られる大拙が相手の問いを奪って、その問いの矢を逆に相手に射返すその手腕はまことに見事と言うほかありません。こういうやり方を禅の世界では「賊馬に騎って賊を趕う」と言っています。加えて、大拙が瞬時にそれをやってのけたあたり、禅語の「撃石火《げきせきか》の如く、閃電光《せんでんこう》に似たり（火花や稲妻のように瞬時のすばやいはたらきをいう）」という表現にぴったりだと思います。わたしたちはここに禅者の何にも囚われない自由なはたらきを見ることができます。

脚下《きゃっか》を照顧《しょうこ》せよ

この問答でさらに注意したいのは「照顧脚下」ということに関してです。大拙に質問した人はアメリカ人のことを聞いたわけですが、他の人のことを気にする以前に自分自身に同じことを問うべきでした。このように自分の足もとを疎《おろそ》かにして、注意を外にばかり

向ける傾向はわたしたちにも往々にして有りがちなことではあります。ですから、わたしたちは常に自分の足もとを顧《かえり》みて、明るく照らしだしておく必要があります。すなわち脚下を照顧しておかねばなりません。

「お前は慧超《えちょう》だ」

慧超という名前の僧が法眼文益《ほうげんもんえき》禅師（八八五—九五八）に「仏とは何ですか」と質問しました。そうしますと、法眼は「お前は慧超だ」と答えました。おそらく仏を遙か彼方に仰ぎ見るようなものと想像していたその僧には、法眼の答えの意味がさっぱりわからなかったことでしょう。仏とは外でもないわたしたち自身のことなのです。わたしたちが我なしとして（あるいは自己なしとして）あること、そのことが仏としてあることなのです。法眼の答えに即して言いますと、慧超が慧超として独立独歩するところに仏は現成《げんじょう》しているのです。そういうわけですから、そのことに気づかずに外に仏を求めようとした慧超は、自己の脚下を疎《おろそ》かにしていたということになります。「衆生本来仏《しゅじょうほんらいほとけ》なり、……衆生近きを知らずして、遠く求むるはかなさよ」と、白隠慧鶴《はくいんえかく》禅師（一六八五—

一七六八）は『坐禅和讃』で詠っています。それはまた、「五鳳楼前《ごほうろうぜん》に洛陽を問えば、金鞭《きんべん》遙かに指さす御街《ぎょがい》の長きことを」（『普灯録』巻二十八）の語のごとく、洛陽にいて洛陽はどこかと問う愚かさにも似ています。

己事《こじ》を究明する

同じように、「悟りとは何か」「救いとは何か」を問う人は、そのように問うことによって自分がまだ悟っていないこと、まだ救われていないことを白状しているわけですから、そういう自分自身をこそ照顧すべきなのです。このことは禅修行の場合にはことのほか、大切なことになります。なぜならば、「仏道をならふといふは自己をならふ也」と道元《どうげん》禅師（一二〇〇―一二五三）も述べていますように、禅修行の目的は自分の正体を明らめること（己事究明）だからです。ですので、自己がいつも問題の中心になっていなければなりません。「天上の月を貪《むさぼ》り見て、掌中《しょうちゅう》の珠《たま》を失脚《しっきゃく》する（天上の月に気を奪われて、自分の手中にある真珠を見失うこと）」こと勿《なか》れ！

第二話　知っとるなら尋ねるな（仙厓）

仙厓《せんがい》和尚、ある日、寺の草取りをしているところへ、ある人が訪ねてきた。「和尚さん、何しとんなさる」「飯を食べとる」「だって、草とっとんなさろうが」「知っとるなら尋ねるな」。

（禅文化研究所編『仙厓和尚逸話選』）

三昧《ざんまい》の言葉は意味を超える

軽妙な禅画の書き手としてもその名を知られた博多の仙厓義梵《せんがいぎぼん》禅師（一七五〇―一八三七）の登場です。その仙厓さんが「飯を食べとる」と答えたのは、決して虚言ではありません。なぜなら、仙厓さんは草取り三昧の境《きょう》にいたからです。同じような話をいたしましょう。ある宴の席で、司会者が乾杯の音頭をわたしに依頼しました。そこでわたしは型どおりビールの入ったコップをもちあげて「乾杯」と一声しました。つぎにわたしの師匠である半頭大雅《はんとうたいが》（浅井義《あさいぎ》宣《せん》）老師が指名され、何か挨拶をしなければならないことになりました。そのとき、司会者が「何か一言。ただし、もう乾杯はすみましたから、『乾杯』はダメですよ」と念を押しました。すると、老師、いきなり目の前にあった丼《どんぶり》を持ち上げて、「丼《どんぶり》！」。これは仙厓さんの「飯を食べとる」と同じですね。も

しも仙厓さんに尋ねた人が真に禅のわかった人であったなら、仙厓さんのその返答に対して、気の利いたご挨拶ができたはずですが、残念ながらただの俗人でした。そこで、折角の遊戯三昧《ゆげざんまい》を邪魔された仙厓さんは、「知っとるなら尋ねるな」と相手を跳ね返したのでした。

「間違っておらん！」

こんな話もあります。ひとりの人がある高僧の間違いを誇らしく指摘しました。すると、その高僧、慌てず静かに、「わかってたら、それでいいじゃないか」と。高僧は三昧の境に入った分別を超えた無分別の人でしたので、初めから間違いだとか間違いでないとかいった二元分別の世界を超えていました。ですから、ただ分別されただけの事柄はそれほど問題ではなかったのです。相手の突っ込みを難なくさばくことができたのはそのためでした。禅の立場から見て大切なことは、それが無分別から出たものであるかどうかという一点にかかっています。

わたし自身、かつてこれに似た経験をしたことがあります。ある雑誌に禅のことを書くことになり、もし間違っているところがあってはいけないと思って、仕上げた原稿の点検を師匠にお願いしました。すると、原稿を見る前に老師はいきなり、「間違っとらん！」と大声あるのみ。それで結局、わたしの原稿は見てもらうことはなかったのですが、しばらくその意味を考えさせられることになりました。もしかして老師はわたしのことを信用してくださっているのだろうか、あるいは面倒くさいのであろうか、といろいろ馬鹿なことも考えました。しかし、そうではなく、老師は三昧の世界に入っていて、間違う・間違わない世界を超えておられたのです。「間違っておらん！」は、そこからの大声《だいせい》だったのです。

第三話　まだ娘を抱いているのか（坦山）

坦山《たんざん》、壮年のころ同参の僧といっしょに行脚していたとき、ひどくぬかるんだ泥道にさしかかった。折りしも向こうから年のころ十六歳くらいの娘がやってきたが、道が狭くて両方すれ違うにもすれ違うことができず困惑した様子であった。それを見た坦山は気の毒に思い、いきなり娘を抱いてぬかるんでいない道の方に運んでやった。同道の僧は厳格で方正な人物であったので、坦山のその行為を眉をひそめて見ていたが、少し行ったところで立ち止まって言った。「女人に手を触れるとは、甚だ僧の面目にかかわることじゃ。以後は少し慎むがよかろう」。すると、坦山からからと笑っていわく、「お前さんはまだあの娘を抱いているのかね」と。

（原坦山『原坦山和尚全集』）

ここに出てくる原坦山《はらたんざん》和尚（一八一九―一八九二）は曹洞宗の学僧で、豪僧としても知られています。江戸時代の後期から明治の中頃まで活躍しました。若くして漢学を学び、昌平黌《しょうへいこう》（湯島にあった幕府の直轄学校）で朱子学と医学を修めました。儒者として出発した坦山は、最初は口をきわめて仏教を罵り排撃しました。が、ある時に禅僧と論争して敗れ、禅門に下ることになりました。

坦山の豪傑話

坦山がまだ昌平黌に通っていた頃の話を一つ紹介しておきましょう。坦山はその頃、ある女性と親しくなり、将来結婚することを約束していました。ところがその女性が浮気をして約束を破ってしまいました。坦山の怒りは収まらず、女を殺すつもりでその家に押しかけたのですが、あいにく女は留守でした。部屋の中で待つこと数時間、暇つぶしにたまたま机の上にあった本を手にとってみると、そこに女色を戒める語を発見。それを見て坦山は猛然と反省し、二度と女の家には近づかなくなったといいます。

禅僧との論争に敗れた坦山はやがて出家をして、京都で本格的な修行をすることになります。その生活ぶりは、自らの庵を「蝸廬《かろ》（蝸《かたつむり》の殻のような小さい家の意）」と呼び、自らを「狂翁《きょうおう》」と称したところにも窺われますように、住まいは「方六尺（四方六尺）の車上にわずかに雨露を凌《しの》ぐべき蓋《ふた》を設け」ただけの貧しいものであり、性格は「磊落《らいらく》にして、眼中、権貴《けんき》なし（あけっぴろげで、心中に偉ぶったところなし）」で、仏道に関することであれば、たとえ関白であっても相手を罵倒する勢いでありました。

こんなことで到底京都に居れなくなった坦山は、やがて江戸に帰ることになりますが、江戸に帰っても生活の当てはありませんでした。そこで、浅草の小さな小屋で八卦見《はっけみ》のようなことをして、なんとか糊口を凌いでいました。そんな坦山を見いだしたのは東京帝国大学の初代総長となった加藤弘之博士でした。お蔭で坦山は、明治十二年（一八七九）に帝国大学ではじめての印度哲学の講師に任命されて仏典を講ずることになりました。そのような縁で加藤の葬儀の際には導師を務めましたが、その時の法話はすべての列席者の度肝を抜くようなものでした。坦山、くるりと列席者の方に振り向くや、雷のごとき大声で「お前らも死ぬぞ！」。

不淫欲戒《ふいんよくかい》と執着心

娘を助けた先の話は、坦山が雲水としてまだ修行中であったときのものです。しかし、壮年の雲水にして、あのようにカラカラ笑いながら相手をギャフンと言わせることができたわけですから、坦山の道力はすでに相当のものであったと見なければなりません。

この話のポイントは二つです。一つは禅の戒律の問題、もう一つは執着心の問題です。まず問題になりますのは、同行の僧の禅の戒（ここでは不淫欲戒）に対する理解の浅さです。その僧は坦山が娘を抱いて運んだのを見て、坦山が不淫欲戒を犯したと考えたのでした。しかし、坦山は娘を気の毒に思って止むに止まれず、無我夢中で娘を抱き助けたのでした。つまり無心で娘を抱き助けたのでした。無心ですから、その時は「抱いた」ということもありません。そうである以上、不淫欲戒を犯したことにはなりません。（禅の戒については第一六話をご覧ください）。

坦山について、このようなことがどうして言えるかと申しますと、それは坦山が同行の僧に非難されて、「お前さんはまだあの娘を抱いているのかね」と答えたその答えの中に見いだすことができます。無心の行為はそれきりの行為として、その蹤《しょう》跡《せき》（痕跡）を後に残すことはありません。この意味で、坦山には先行の事柄に関して何の執着心（囚われの心）も見当たりません。坦山は娘を抱き助けたことをすっかり忘れていました。「お前さんはまだあの娘を抱いているのかね」と言った坦山の

答えには、「おれはすっかりあのことを忘れていたよ」という口吻を感じ取ることができます。

あの僧は偉そうに坦山に説教したつもりでしたが、坦山から逆襲されて、端無くも坦山のした行為に対する囚われの心がまだ残っていることを思い知らされることになったのでした。それは結局、僧が無心に徹していなかったことを物語っています。

第四話　神様はどこにおられるか（精拙）

関精拙《せきせいせつ》老師のところへ、ちょっと名の知れたクリスチャンの美人が出入りしていた。天龍寺へやってきては和尚に向かって、滔々《とうとう》とキリスト教を説くのであった。あまり頻繁に通ってくるので、ある時、女史の話の終わるのを待って、和尚はやおら尋ねた。「あなたは御主人がおられますか」「ございます」「フン、それなら伺うが、御主人を腹上にのせ、ここ一発という時に、一体、神様はどこにおられるか」。女史は顔を赤らめたまま答えることができず逃げ帰り、以後、ふたたび老師の前に現われなかった。後に、老師は呵呵大笑《かかたいしょう》して、「あれは、まだ、ほんものには遠いわい」と。

（関牧翁『魔禅』）

神仏の在所

神（あるいは、仏）の在所を問題とした話です。青蛾室《せいがしつ》関精拙老師（一八七八―一九四五）としては、女史がそれほどまでに神について言うのであれば、その証拠をみせてもらいたい、というつもりであったでしょう。その際、老師がわざわざきわどい質問をしたのは、女史に執拗、傲慢な態度が見られたからに違いありません。老師は、ひとつとっちめてやろうと、いわば毒を以て毒を制しようとされたのです。ところが、その質問に対して、あれほどキリスト教の神について饒舌であった女史は答えることができませんでした。神（仏）が存在すると信じているのであれば、その神（あるいは、仏）はいつどこにでも遍在しているのでなければなりません。そうであるにもかかわらず、女史が何ら返答することができなかったというのは、女史の神信仰が不徹底だったということになります。老師が、「あれは、まだ、ほんものには遠いわい」と言われた所以です。

神（あるいは、仏）が存在すると言うのであれば、それを具体的に示せるのでなければなりません。禅の世界では、例えば、それを掌に載せて出してみ

《毒語》第四話　神様はどこにおられるか（精拙）

よと迫ります。生きた、あるがままの神（あるいは、仏）の提示を要求します。このことは知性ではとても叶わぬことなのです。神（あるいは、仏）はいつもその抽象の網の目をすり抜けて、片影も止めないからです。

「北海道の馬が草を食べると、台湾の牛の腹がふくれる」

これと少し似た話を、わたしは師匠の半頭大雅老師から聞いたことがあります。昔、老師が外国旅行された折り、一行のなかにインテリ風のクリスチャンの女性がいたそうです。ある時、その女性が老師に、「禅って、なーに」と、いかにも禅僧を馬鹿にし、見下したような態度で質問してきました。そこで老師が「北海道の馬が草を食べると、台湾の牛の腹がふくれることです」と答えられると、女史は「人を馬鹿にして」と言って顔をそむけました。その様子を見てとるや、老師は第二の矢を女史に向かって放たれました。「馬鹿にしているのではありません。問題にしておらんのです」。女史、憤慨していわく「もっと悪いわ！」。こんなやり取りがあったそうなのです。

ついでに、老師の言われた、「北海道の馬が……」の語は、華厳宗の初祖とされる杜順《とじゅん》和尚（五五七―六四〇）の頌の一部（懐州《かいしゅう》の牛　禾《か》を喫すれば　益《えき》州《しゅう》の馬　腹脹《は》る）を応用されたもので、禅の根本である「無」を、その超時空性の観点から述べたものです。けれども残念ながら、例の女性にその深い哲理が理解できたわけがありません。

第五話　それ、ちゃんと手がつけられるじゃないか（正受）

正受《しょうじゅ》老人いわく、「趙州《じょうしゅう》の無をどう見たか」。白隠、「無のどこに手がつけられましょうか」。すると、老人は指で白隠の鼻をしたたかねじりあげて、「それ、ちゃんと手がつけられるじゃないか」と、やりかえした。

（白隠慧鶴『遠羅天釜』）

正受老人と白隠禅師

正受老人とは道鏡慧端《どうきょうえたん》禅師（一六四二―一七二一）のことで、信州飯山に草庵を結んで正受庵と号したことから正受老人と呼ばれていました。日本臨済宗の中興の祖と目される白隠慧鶴《はくいんえかく》禅師のお師匠さんに当たります。ここに出ている話にはつぎのような経緯がありました。白隠二十四歳の時のことです。ある晩、夜坐をしていた折りに遠くから鐘の音が聞こえてきました。白隠はこれを聞いて大悟したのでした。そして、「二三百年来、自分のように痛快な悟りを開いたものはあるまい」、ひそかにそう思いました。そこで、そのことを確かめるために自信満々で、正受老人のいる飯山にでかけて行きました。上掲の正受老人と白隠の問答はその時のものです。「趙州の無（趙州無字）」といいますのは、趙州従諗《じょうしゅうじゅうしん》禅師（七七八―八九七）が、「犬に仏性《ぶっしょう》がありますか」という僧の問いに対して「無」と答えた、その「無」のことです（『無門関《むもんかん》』第一則）。

禅は理屈ではない

正受老人の問いは、「お前さんがほんとうに悟ったと言うのなら、趙州の無をどう体得したか、そこのところをはっきり見せてくれ」と言うのです。それに対する白隠の答えが「無のどこに手がつけられましょうか」でした。「無」は「何もない」ということですから、理屈としては白隠の言う通りであるに違いありません。しかし、理屈を弄《もてあそ》ぶことは禅ではありません。禅は生命の具体

的な発露《はつろ》です。白隠は自分の体得した「無」を理（屈）としてではなく、事（実）として提示する必要があったのです。その点で、白隠の「手がつけられない」という答えは理（論）によりかかったものでした。そこで正受老人は白隠のその答えを奪い、無心で相手の鼻をしたたかねじりあげるというしかたで、無を具体化してみせたわけです。そこを正受老人は、「それ、ちゃんと手がつけられるじゃないか」と言ったわけです。

東洋的無の特色

禅あるいは大乗仏教でいうところの無は、「虚無《こむ》の会《え》をなすことなかれ、有《う》無《む》の会をなすことなかれ」（『無門関』第一則）とありますように、ニヒリズムの虚無でもなければ、有に対する無でもありません。それは理屈ではない真の智慧（般若）のはたらきを伴う、そういう意味で積極的な無、充実した無です。抱石庵《ほうせきあん》・久松真一《ひさまつしんいち》居士（一八八九―一九八〇）はそれを「能動的無」と呼び、東洋に特徴的なこの無を「東洋的無」と名づけました。（久松真一については第一二話も参照）。

東洋的無の特色は無がはたらきとなって現出してくることです。それは生命の躍動とも言えましょう。そこで禅は、先の白隠のようにまだ無の空洞から完全には抜けきることのできないものに対しては、「無をつまんで出してみよ」と、無についての理屈ではなく、それの具体的提示を迫ります（「有仏《うぶつ》の処《ところ》、請《こ》う、指出《ししゅつ》して看《み》よ」『塗毒鼓　続篇』「句集」）。そのように具体的にすることによって、無をはっきりさせるためです。それが自由自在にできたとき、その人を初めて禅の人と呼ぶことができるのです。

生死《しょうじ》

第六話　死にともない、死にともない（仙厓）

仙厓《せんがい》和尚、死の間際にあったとき、弟子たちが和尚に最期の言葉をお願いした。すると、和尚は言った。「死にともない、死にともない」。弟子、「和尚さん、そんな見苦しいことでは困ります。もう少しましなことを言ってください」。和尚、「ほんまに、ほんまに」。

（禅文化研究所編『仙厓和尚逸話選』）

気張るだけが禅ではない

何と往生際のわるいことかと、これを読まれた方はお思いになるでしょう。弟子たちもそのように感じたのでした。しかし、果たして仙厓さんは往生際が悪かったのでしょうか。

確かに多くの禅僧たちは格調の高い辞世の偈頌《げじゅ》（遺偈《ゆいげ》）を残してきました。そこには自分の死に対しても何の囚われもない、さらっとした境界《きょうがい》が詠《うた》われています。そして、泰然自若として死に赴いた様子が窺われます。禅は生死を超越していますから、死ぬということを問題にしません。ある僧が生死解脱《しょうじげだつ》の道を求めてきたとき、妙心寺の開山である関山慧玄《かんざんえげん》禅師（一二七七―一三六〇）は「慧玄が這裡《しゃり》に生死《しょうじ》なし（おれのところには生死はないわい）」と喝破しました。そういう観点から見てみますと、仙厓さんの最期の言葉は己の死に執着していて、立派な禅僧に似つかわしくないようにも思えます。果たしてそうでしょうか。

普通、禅と言えば棒や喝を思い出す人が多いと思いますが、しかしそれは禅の一面だけを見た見方なのです。禅には確かに非常にきびしいところがありますが、他方に春風のようにゆったりした趣きのある禅も存在するのです。例を挙げてみますと、「喝」で知られた臨済義玄禅師と同時代に活躍した趙州《じょうしゅう》従諗《じゅうしん》禅師は「口唇皮上《くしんぴじょう》に光を放つ」と言われた通り、鋭い機鋒を巧みな言葉に包んで柔軟に法を説きました。わが国の良寛や鈴木大拙、そして仙厓さんもその例にもれないと思います。

「死にともない」も立派な遺偈

この話を遺偈《ゆいげ》に関係づけて話しますと、禅僧の遺偈――今の場合、この意味を漢詩体の偈頌に限定せずに、禅僧の最期の言葉一般として理解したいと思います――にも大別して二種あることになります。

一つは勇猛な響きのするもの、もう一種は柔弱そうに聞こえるもの、この二種類です。前者の代表的な例として、本書の第八話で取り上げる無学祖元《むがくそげん》禅師（一二二六―一二八六）の遺偈を挙げておきます。後者の代表例は仙厓さんのそれです。

さて、禅の立場から見たとき、仙厓さんの「死にともない」は果たして無学祖元の詩と別ということになるのでしょうか。そうではありません。両者は同じです。両者とも無の境地に立って、そこから言い表わされているからです。しかし、また別だとも言えます。両者はそれぞれの人格の質の違いに応じて、互いに調子の異なった表現をとってきているからです。このように、違っていて同じ、同じであって違っている、これが禅の立場での見方です。仏教の世界でしばしば、「差別即平等《しゃべつそくびょうどう》、平等即差別」と言っていますのは、こうした事態なのです。哲学の言葉で言えば、「現象即本体、本体即現象」となります。

蛻《もぬ》けた言葉

無の境地から発せられた禅者の言葉には独特の性質があります。普通、言葉には意味が具《そな》わっていて、わたしたちはその意味を手がかりにして理解を試みようとします。しかし、禅者の言葉は言ってみれば無者の言葉ですから、そこに付託されている意味も無的な性格を有しています。わたしはそのことを、ちょうど昆虫の抜け殻のように、言葉の意味が蛻けていると言ってみたいと思います。つまり、言葉の中身が空っぽになっているのです。それにもかかわらず、わたしたちは言葉の意味に固執するものですから、どうしても禅者の意趣を取り逃がしてしまうのです。わたしが先に仙厓さんと無学祖元禅師の言葉の境位が同じだといったのは、両者の言葉がともに蛻けた言葉であったからです。

「と、いったものさ」

禅者の言葉はすべて蛻けた言葉ですから、カラッとしたところがあります。そのことで思い出す話があります。長岡禅塾の初代塾長は梅谷香洲《うめたにこうしゅう》老師（一八八五―一九五〇）といわれる方で、「剃刀《かみそり》香洲」と皆から恐れられていたと聞いています。その老師が遷化される前、二人の娘さんが病床の老師を見舞って、しくしく泣きはじめた時、老師はいきなり拳骨を振り上げて、「何を泣くか」と一喝されました。その勢いに吃驚して娘さんたちが逃げ出すと、老師は知らん顔をして、「と、いったものさ」と笑って寝返りをうたれたそうです。どこまでも蛻けっぱなしなところが面白いと思います。

「死にともない」は禅僧好み？

話をもとに戻しましょう。ちなみに、一休宗純《いっきゅうそうじゅん》禅師（一三九四―一四八一）もまた臨終をひかえて「死にともない」と言われたようです。このとき弟子たちは普段の洒落が出たくらいに思い、重ねて遺偈をお願いすると、禅師は威をふるって、再び、「死にともない」と大喝されたといいます（大浦貫道『黙雷禅師遺芳』)。仙厓さんが「ほんまに、ほんまに」と言って、相手の誘いをするっとかわしたのに比べますと、一休さんの方は、少し力みが入りましたね。それはともかくとして、良寛も「死にとうはない」といったと言われていますから、禅僧はどうも「死にともない」がお好きのようです。こうなってくると、禅僧たるものは　どうしても自分の死に臨んで別の一句を吐かねばなりますまい。なぜなら

模倣は死物であり、死物は禅ではないからです。禅は活きた創造物でなければなりません。

ただし、禅僧がみんな遺偈を残すとは限りません。梅谷香洲老師などは遺偈を頼まれたときに、「わしはあんな馬鹿なまねはせぬ」と言って、一文字に口を結ばれたということです。これも禅僧としての一見識だと思います。翻って考えてみますと、こういうものも一種の遺偈と言えぬことはありません。このように禅は実に自由自在なものなのです。

第七話　グッドバイ、ジョン（大拙）

「死ぬということは、どういうことですか」。すると大拙、「死ぬということか、死ぬということはこうだ」と言うや、即座にそばにあった長椅子の上にひょいと横たわり、舌をだらっと出し、目を上に向けて、いかにも〝まいった〟という表情で、「グッドバイ、ジョン」(Goodbye, John!) といわれた。「グッドバイ、ジョン」とは、英語で「そのままころりとあの世へいく」、つまり「はい、それまでよ」という意味合いの言葉である。

（岡村美穂子・上田閑照『思い出の小箱から』）

死を脱する方法

禅の公案に「兜率三関《とそつさんかん》」というのがあります（『無門関』第四十七則）。兜率が設けた三つの関門とは、「只今あなたの本性はどこにあるか、あなたが死ぬとき、どのように生死《しょうじ》を脱したものであろうか、死んでからどこに行くのか」の三つです。鈴木大拙が「死ぬということはこうだ」と言ってやって見せた「グッドバイ、ジョン」の所作は、それら三つの関門のうちの第二の関門、すなわち、「死ぬときの生死の脱し方」を大拙なりに示されたものということがで

きます。なぜかと言いますと、死ぬときに生死を脱する方法は、死ぬときは死ぬと、死に成り切り、死を忘れるほかないからです。良寛もまたつぎのように述べています。「災難に逢う時節には災難に逢うがよく候、死ぬ時節には死ぬがよく候、是《これ》はこれ災難をのがるゝ妙法にて候」(禅文化研究所編『良寛和尚逸話選』)。

植木等《うえきひとし》の「わかっちゃいるけどやめられねぇ」

ついでながら、冒頭の文章中に見られる「はい、それまでよ」の文句は、わたしに一九六〇年代の国民的スターとして人気を博した植木等の同名の歌を思い出させます。彼の父親は浄土真宗の骨のある僧侶でした。「ハイそれまでョ」と同じように大ヒットした曲に「スーダラ節」があります。その歌詞には「わかっちゃいるけどやめられねぇ」というフレーズがあって、彼は最初、それが不真面目の代名詞のように思えて、どうしても歌う気になれませんでした。そこで父親に相談してみたところ、父親の言うには、「〝わかっちゃいるけどやめられねぇ〟は親鸞《しんらん》の教えに通じる」と助言され、それで彼は安心してその歌を歌う気になったということです。「わかっちゃいるけどやめられねぇ」は正にわれわれ凡夫の有り方を示しており、阿弥陀仏の救いはそういう煩悩まみれの衆生に向けられているのだということを親鸞は教えたのだ、だから、その歌をよくかみしめることは弥陀の信仰を説く親鸞の教えに帰することに役立つに違いない、そういうことを植木の父親は言いたかったのでしょう。

「ノー、ナッシング、サンキュウ」

話が横道にそれましたが、大拙は臨終の床で、「先生、何かしてほしいことはないですか」と問われ、「ノー、ナッシング、サンキュウ（はい、何もありません、ありがとう）」と言われたそうです。これが大拙の実際の「グッドバイ、ジョン」でした。われわれも最期は、隣の町に出掛けて行くときのような気軽さで「さよなら」と言って逝きたいものです。

生死《しょうじ》（道元の言葉）

生死に関する道元《どうげん》（一二〇〇―一二五三）の言葉を味わって、ここでの話を締めくくることにしましょう。

この生死はすなはち仏の御いのちなり。これをいとひすてんとすれば、すなはち仏の御いのちをうしなはんとするなり。これにとどまりて生死に著《じゃく》すれば（執着すれば）、これも仏のいのちをうしなふなり、仏のありさまをとゞむるなり（引きとどめて殺してしまうこと）。いとふことなく、したふことなき、このときはじめて仏のこゝろにいる。たゞし、心をもてはかることなかれ、ことばをもていふことなかれ。ただわが身をも心をもはなちわすれて、仏のいへになげいれて、仏のかたよりおこなはれて、これにしたがひもてゆくとき、ちからをもいれず、こゝろをもつひやさずして、生死をはなれ、仏となる。たれの人か、こゝろにとゞこほる（自己の心中で逡巡する）べき。（『正法眼蔵』「生死」）

第八話　電光影裡、春風を斬る（無学）

乾坤《けんこん》　孤筇《こきょう》を卓《た》つるに　地無し
喜得《きとく》すらくは　人　空にして　法また空なることを
珍重《ちんちょう》す　大元　三尺の剣
電光影裡《でんこうようり》　春風《しゅんぷう》を斬《き》る

この世には一本の竹を立てる地もない。人も空、法も空だというのに、お笑い草だ、この大軍がやってきて、わしの首を斬ろうとすることは。それは春風を斬るようなものだ。

（無学祖元『仏光国師語録』）

無学祖元の胆力

鎌倉時代に北条時宗《ほうじょうときむね》（一二五一－一二八四）に招かれ、円覚寺の開山となった帰化僧、無学祖元《むがくそげん》禅師（仏光国師）の「示虜《じりょ》（元《げん》の兵士に示す）」と題した七言絶句です。この詩は禅師が日本に来る前、中国温州（浙江省温州市）で、元の兵士に捕まり首を斬られそうになったときに詠んで示した詩偈です。これを見た兵士は、禅師の、その詩に示されている通りの威風堂々たる胆力（禅定力）のすごさに畏敬の念をいだき、礼拝してその場を去ったといいます。

山本玄峰老師の迫力

これに似た話があります。山本玄峰《やまもとげんぽう》老師（一八六六－一九六一）のところへ、ある時ひとりの暴漢が日本刀をもって乗りこんできました。言うことを聞かなければ殺すというわけです。そこでどうされたかと言いますと、老師は、自分は命を惜しいとは思わない、しかし、どうせ死ぬなら死に味をじっくり味わいたいから、鋸《のこぎり》をもってきて、ゆるゆる引き殺してもらいたい、と言ってごろりと横になられた。それを見た暴漢は、そのど迫力（禅定力）に圧倒され、「これはただの坊主ではない」と感心して引き上げていったそうです。そればかりではありません。その暴漢は以降、老師の熱心な帰依者となりました（玉置辨吉編著『回想山本玄峰』）。なお、玄峰老師の話は第一〇話、二七話、二八話、三七話でも取り上げています。

肇 法師《じょうほっし》の偈頌

無学祖元禅師の詩に戻ります。その詩の転句と

結句は、中国晋の学僧で、鳩摩羅什《くまらじゅう》の弟子であった僧肇《そうじょう》法師（？―四一四）の「偈」を下敷きにしています。僧肇と言えば、『碧巌録《へきがんろく》』第四十則に「天地と我と同根《どうこん》、万物と我と一体」という、法師の言葉をめぐっての問答が載せられているほどですから、かなり知られた人物でありました。禅師が下敷きにした「偈」の全体は、

四大　元《もと》　主なし
五陰《ごおん》　本来　空なり
頭《こうべ》を将《もっ》て　白刃に臨む
猶《な》お　春風を斬るに似たり

（『伝灯録』巻二十七）

という五言絶句です。四大とは、万有を構成すると考えられた、地・水・火・風の四元素、五陰（蘊）とは、人間存在を構成している五つの要素、すなわち、色《しき》（肉体）・受《じゅ》（感受のはたらき）・想《そう》（構想のはたらき）・行《ぎょう》（意思のはたらき）・識《しき》（認識のはたらき）です。ですから、法師はその詩の起句と承句で、一切は空であることを詠っているのです。それを受けて、「頭《こうべ》を将《もっ》て白刃に臨む　猶《な》お春風を斬るに似たり」とつづくわけで、無学禅師の詩と比較しますと、学者

さんが作ったものとすぐにわかる、かなり理屈っぽい詩になっています。

法師難に遭う

しかし、肇法師はどういう理由があって、そのような詩を作ったのでしょうか。『碧巌録』第六十二則には、「肇、一日、難に遭う。刑に臨むの時、七日の暇を乞い、『宝蔵論』を造る」とだけ記されています。その「難」とは——肇法師があまりにも優秀であったので、時の皇帝が自分の下ではたらく官僚にしようと還俗《げんぞく》を迫りました。もし言うことを聞かなければ死刑にすると言われましたが、肇法師は頑として首を縦に振りませんでした。そこで法師は死刑を甘受することになったのですが、『碧巌録』にありますように、「七日間の猶予」を願い出て『宝蔵論』という本を書き上げました。その後、法師は悠然として死についたわけですが、問題の詩はそういう状況下で作られました。

玄沙、寸鉄の語

無学禅師や肇法師の詩偈を見て、禅僧の胆力（禅定力）に改めて驚かれたかもしれませんが、そういう詩偈に対して冷水を浴びせかけた、玄沙師備《げんしゃしび》禅師（八三五―九〇八）という禅僧がいました。玄沙禅師は肇法師の詩偈に対して、「肇法師ともあろうものが、死に臨んで寝言のようなことをぬかすとは（何とも情けない）」（『玄沙広録』巻下）と言っています。「くだらんことをぐずぐず言っとらずに、とっとと死ね」と言わんばかりです（このあたり、先の梅谷香洲老師の言葉を思いださせます）。けれども、これはこれで玄沙禅師の胆力を示したままでで、どちらがどうのと言うことはできないと思います。玄沙の話は別に第四一話でも取り上げました。

第九話　御用心（一休）

ある人が一休のところへやって来て、何か心得になる言葉を、と所望した。一休はさっそく筆をとると、「御用心」と書いて与えた。すると、男は何か物足りなそうな顔をして、「ほかにもっと何か書き加えてはいただけませんか」というと、一休は、「御用心、御用心」と書いた。

（禅文化研究所編『禅門逸話選』下）

無常の風に御用心

この話には続きがあります。この男、それでもまだ気にいらなかったようで、「和尚さん、何かもっと為になるようなものを」と言ったので、一休はさらに

「御用心」と書き足しました。その結果、「御用心、御用心、御用心」となってしまいました。男は呆れ果てて「これは一体どういうことですか」と聞くと、「御用心は御用心じゃ」と言って、「明日ありと思う心のあだ桜　夜半に嵐の吹かぬものかは」と、親鸞聖人の句を読み添えて、「人間はいつ何時に死ぬかもわからん。さればこそ御用心じゃ」と言って聞かせられました。

　世間の人が高僧に揮毫《きごう》をお願いすることはよくあること

です。そして、それを座右においてその人徳を偲ぶよすがにしたり、あるいはこの男のように心得代わりにしたりもします。そのために人は、揮毫の文字には何か気の利いた言葉であることを期待するものなのです。一休の「御用心」は例の男にとってはその期待に反するものであったようです。確かに「御用心」は気の利いた禅語というわけではありません。しかし、その意趣は実は重大なものでした。

人生無常の教え

「人生は無常だから用心せよ」という一休の教示は、言うまでもないことかも知れませんが、単なる処世訓ではありません。そうではなく、無常であるがゆえに一刻も早くわたしたちの生活について真実のことを知り、その自覚によって迷いの世界から離れた生活を送るようにとの指示なのです。親鸞の句の真意もまたその辺にあります。

わたしたちは日常の生活を「生」と「死」の間で営んでいるわけですが、生《しょう》死《じ》の根源については何も知りません。ですので、いきおい生活は生死の波間に浮かぶ小舟のように不安定なものと感じざるをえなくなります。せっかく贈られたこの生を、わたしたちは何としても大船に乗ったような安心した気持でまっとうしたいものです。そのためにわたしたち仏教徒は、一刻も早く釈迦の示された真実に目覚めることのできるよう「用心する（心を用いる）」のでなければなりません。禅の世界には、修行者のために「生死事大《しょうじじだい》、無常迅速《むじょうじんそく》（生死の問題は重大であるぞ、ぼやぼやしていると死がお前を瞬時にかっぱらってゆくぞ、注意せよ）」という警句が用意されています。

「危ないのはお前だ」

唐の時代に鳥窠道林《ちょうかどうりん》禅師（七四一―八二四）という大変面白い和尚がいました。名前を鳥窠と称しますのは、この和尚が長松の枝の上に棲んでいたからですが、このあたりすでにユニークな禅僧であったことが窺われます。ある時、詩人として有名な白居易《はくきょい》（七七二―八四六）がその樹の下を通りかかりました。樹上に鳥窠和尚の姿を見つけるや、いわく、「そんなところに棲んでおられては危ないですぞ」。鳥窠、「危ないのはお前さんの方じゃ」（『伝灯録』巻四）。

この話、一休の「御用心」の文脈で見ていただければ、鳥窠和尚の言った意味がわかると思います。ちなみに白居易は馬祖下の仏光如満《ぶっこうにょまん》禅師（生没年未詳）に嗣法《しほう》（仏祖伝来の法を師より受け嗣ぐこと）するほど深く禅に参じた人でした。今の話は、彼が役人として彼の地に赴任してきていた時のこととされています。

第一〇話　悲しいことは悲しい（寸心）

若きも老いたるも死ぬるは人生の常である、……しかし人生の常事であっても、悲しいことは悲しい、飢渇は人間の自然であっても、飢渇は飢渇である。

（西田幾多郎『思索と体験』）

「寸心」は、哲学者にして参禅者であった西田幾多郎《にしだきたろう》博士（一八七〇―一九四五）の居士号です。寸心居士の随筆にはどれも品格のようなものが感じられて好感がもてます。ここに引用した文章は、「『国文学史講話』の序」という表題をもつ随筆の一節です。同じことを、寸心居士はまたつぎのようにも述べています。

亡き我児の可愛いというのは何の理由もない、ただわけもなく可愛いのである、甘いものは甘い、辛いものは辛いというの外にない。（『同前』）

このように、その随筆にはわが幼子を喪《うしな》った親の悲しみが切々と綴られています。まことに悲哀の哲学者に相応しい名文だと思います。

般若の言葉

さて、「悲しいことは悲しい」ということについてですが、これは差し当たり人間の自然の情について説明したものと考えられます。これが般若の智慧の言葉であるためには、悲しいことは何としても悲しいわけですから、その悲しいに成り切って悲しいを忘れた言葉になっていなければなりません（「忘れる」は、「離れる」や「脱落する」と言い換えることもできます）。言わずもがなのことになるかも知れませんが、寸心居士は八年ほどの間、ひたすら坐り、参禅弁道の経験を経て大悟徹底された方でありましたから、その辺のことは十分心得ておられたことと思います。

「至道無難《しどうぶなん》　唯嫌揀択《ゆいけんけんじゃく》」

世間には人間の自然の情も、場合によっては押し殺すことが美徳であるかのように見なす風潮があります。これはこれで立派なことかも知れませんが、苦しいことでもありましょう。そんなに無理をする必要はありません。悲しいときは天地一杯悲しむ。そうしますと、その後に無心の清風が起こって、かえってさっぱりした気持ちになるものです。

三祖僧璨《そうさん》禅師（？―六〇六）は『信心銘《しんじんめい》』という本の冒頭で「至道無難　唯嫌揀択（無上の大道である仏道を歩むことは難しいことではない、そのためにはただ選り好みをしないことだ）」と言っています。この言葉は再び趙州従諗《じょうしゅうじゅうしん》禅師によって採り上げられ、公案にもなっているほどですので（『碧巌録』第二則、および第五十七、五十八、五十九則）、理解には注意を要します。とくに「唯嫌揀擇（ただ選り好みをしない）」ということについてです。われわれは普通、この意味を道徳的にとって、これは好きだけれども、あれは嫌いだとか言って、選り好みしてはならない、というふうに解していると思います。しかし、人間の自然の情は選り好みをします。この情を抑えろというのですから、これは大変窮屈なことになります。

禅の立場はそういう方向とは全く違っていて、むしろ正反対と言うべきです。好き嫌いは人によって異なりますが、その人にとってはどうすることもできない自然の情というべきです。そこで禅は思い切り「選り好みせよ」と教えます。ただし「思い切り」です。好き嫌いの思いを忘れるほど徹底的に、です。嫌いなものは徹底的に嫌い、好きなものは徹底的に好きというようにして、好き嫌いを忘れるほどに、です。このようにすることによって、結局、揀択しながら実際には揀択していないことになるのです。これが禅の行き方です。

子を失って初めて知る親の恩

山本玄峰老師の思い出話のなかで、ある人がつぎのように語ったようです。

私は大事な一人息子を亡くしましてナ。葬式の日に大勢の人が来て、いろんなことを言ってお悔やみを言うてくれたけれど、一つも私の心にピンと来ませなんだ。その中にたった一人、私の前へ来て、しっかり泣いてやんなされやと言われた人があった。この言葉だけは胸にこたえました。それはその人が子供を失った経験があるからだ。その時に玄峰老師にお目にかかったら、「子を持って初めて知る親の恩と昔から言うが、子を失って初めて知る親の恩だナァ」と玄峰老師は言われた。これも忘れません。（山田無文『無文全集』第四巻）

寸心居士の長年の友であった鈴木大拙博士は、寸心居士が亡くなられたとき、その枕元で人目をはばからず大声で泣かれたそうです。これは禅的な「唯嫌揀択」の一つの実例です。

遊戯《ゆげ》

第一一話　人生の目的は遊ぶことじゃ（無文）

京都大学の哲学科におるという学生が、何やら煩悶《はんもん》があるというて老衲《ろうのう》を訪ねて来た。いきなり、「人間は死んだらどうなりますか」と聞くから、「そうだなア、息が止まるじゃろう」と答えると、「息が止まって、どうなりますか」「そうサ、火葬場へ行くじゃろう」「火葬場へ行って、どうなりますか」「灰になるじゃろう」「灰になってどうなりますか」「それから先は知らん」と言うたから、「結局、人生の目的は何ですか」と言う。「遊ぶんだな」「遊ぶんですか」「そうじゃ、遊ぶんじゃ」。

（山田無文『無文全集』第二巻）

人生の目的が遊ぶことだと聞かされた学生は、「遊ぶんですか」と問い返しているところを見てもわかりますように、山田無文《やまだむもん》老師（一九〇〇―一九八八）からその意外な答えを聞いてさぞかしびっくりしたことでしょう。思いますに、この学生は大変真面目な学生だったに違いありません。人生問題に悩み、その解決を求めてわざわざ無文老師を訪ねてきたのですから。そんな学生ですから、無文老師の授けたその解決策はまったく予想外のものであったに違いありません。

「遊ぶ」の意味

無文老師は一体どういうつもりであんな答えをされたのでしょうか。その真意は？　わたしたちはここで「遊ぶ」の意味に注意する必要があります。それは仕事を何もせず、ただ遊び回っておればよろしいという意味では決してありません。仕事をしていない時は言うまでもなく、仕事をしている時も、一切事を遊びとして行なえ、と教えられたのです。

世間では仕事と遊びを分け、仕事は苦しいもの、遊びは楽しいもの、遊びは

《遊戯》第一一話　人生の目的は遊ぶことじゃ（無文）

苦しい仕事のいわば代償、というように考えられています。趣味の世界・娯楽の世界・レジャーの世界は、日ごろの苦しい仕事の世界からの逃避場になっています。本当を言えばこの状況は人間にとってあまり幸せなことではないでしょう。仕事と趣味が一つになることが人間の望ましい姿だと思います。しかし、そのようになることは実際には大変難しいことです。しかし不可能なことではありません。苦しいことでも、夢中になっているときにはその苦しみを忘れている、そういう経験をわたしたちは知っているからです。

禅的な生き方（遊戯三味《ゆげざんまい》）

禅の立場では仕事と遊びは分かれないのです。どうしてかと言いますと、禅の立場では仕事の時は仕事にわれを忘れ、こうして仕事の苦も忘れるからです。そして、そこから遊戯三昧の境地が生まれてきます。無文老師の「遊ぶんじゃ」はそういう境地を指しています。こういうわけですから、万事において遊戯三昧の生活を送る。そこにはもはや特定の目的はありませんが、そういう無目的を目的とする生き方が禅的な生き方だと言えます。

わたしは昔、迂闊にもある禅者にその方の趣味について質問したことがありました。その方は答えられました、「趣味はありません」と。まだ禅の何であるかがわからなかった当時のわたしはその答えを聞いて、失礼なことに「無粋《ぶすい》な方だなぁ」と思いました。今になって考えれば、それはわたしの思い違いでした。その方にとって実は仕事をふくむ実生活そのものが趣味と同然だったのですね。ですから、特別にいわゆる趣味をもつ必要はなかったというわけです。ここで言う「ある禅者」とは片岡仁志《かたおかひとし》先生（一九〇二―一九九三）のことです。先生については次話のところで簡単に紹介します。

若者の煩悶について

ついでに若者の煩悶について一言しておきたいと思います。「人生の目的は何か」という問いは、だれでも若いときに一度は経験する問いではあります。そして、真摯に人生に向き合っていればいるほど、その人を苦しめます。しかし、よく考えてみると、その問いは根本的に誤っているのです。なぜかと言いますと、そのように問うことがすでに、問いの対象となっている肝心の人生そのものから離れてしまっているからです。そのことに早く気づくことが、その疑問から抜け出すための早道です。真の人生は即今その場をおいて他にありません。即今の生活と別に何かすばらしい生活があるのではないかと考えるのは理想主義で、理想はどこまで追いかけて行っても先へ先へ、山の彼方《かなた》に逃げてゆき、ついにこの手でそれを捉《とら》まえることができません。それが理想主義の本質です。そう考えて、どっしり即今その場に腰を据えることです。そう思えば何も心配することはありません。

第一二話　二人もお嫁さんはいりません（抱石）

抱石庵久松真一《ほうせきあんひさまつしんいち》が妙心寺山内の春光院に寓居していた時のことである。そこでの独り住まいの生活はあまりにも不自由だろうと気遣ったある人が、「お嫁さんを世話しましょうか」と申し出た。すると、抱石いわく、「二人もお嫁さんはいりません」と。

二人のお嫁さん？

この話は片岡仁志先生からわたしが直接お聞きしたものです。久松真一先生は西田幾多郎《にしだきたろう》門下で、二十六歳のときに妙心寺池上湘山《いけがみしょうざん》老師（一八五六〜一九二八）のもとで見性《けんしょう》（自己の本性を徹見すること）した大居士です。妙心寺の春光院に寓居していたのは、その後のことです。

お嫁さんを世話しようと申し出たその人は、独身のはずの久松先生から「二人もお嫁さんはいりません」という返事が返ってきたときには、何のことかさっぱりわからなかっただろうと思います。「二人のお嫁さん」のうち、一人は世話役の人が久松先生に紹介しようとしている女性のことであることは想像がつきます。では、もう一人のお嫁さんとは誰のことでしょうか。

法喜《ほうき》の妻

このことがわかるためには、『維摩経《ゆいまきょう》』のなかに出てくるつぎの話を知っておく必要があります。維摩居士（釈迦のもとにいた在家の弟子）はあるとき一人の菩薩から、「あなたの父母、妻子、下男下女、秘書や雇い人はどこにいるのですか。友人、親戚、親族はどこにいるのですか。侍者や、馬、象、車、歩（の四種の部隊）や乗り物はどこにあるのですか」と尋ねられます。この質問に対して、維摩は妻に関して、「法を喜ぶことが（菩薩の）妻である」（長尾雅人訳）と答えているのです。漢訳ではこの部分は「法喜以為妻（法喜を以て妻と為《な》す）」となっています。つまり、菩薩にとっては「法を喜ぶ」ことが掛け替えのない伴侶（妻）になるというわけです。ですので、この他にお嫁さんはいらないということになります。

見性後の久松先生の生活は法と共にあり、法を楽しみ、法喜を妻とするような、法悦の生活であったのでした。そうであったので、先生の口から、あの「二人もお嫁さんはいりません」という返事が返ってきたのでした。

仕事が趣味（遊戯）となる生活

そして、そのことは片岡仁志先生についても言い得ることでした。

片岡先生も西田の門下で若い頃に相国寺《しょうこくじ》で見性されました。とくに禅を女子教育の現場で活用し、長野県や京都府の教育界に甚大な

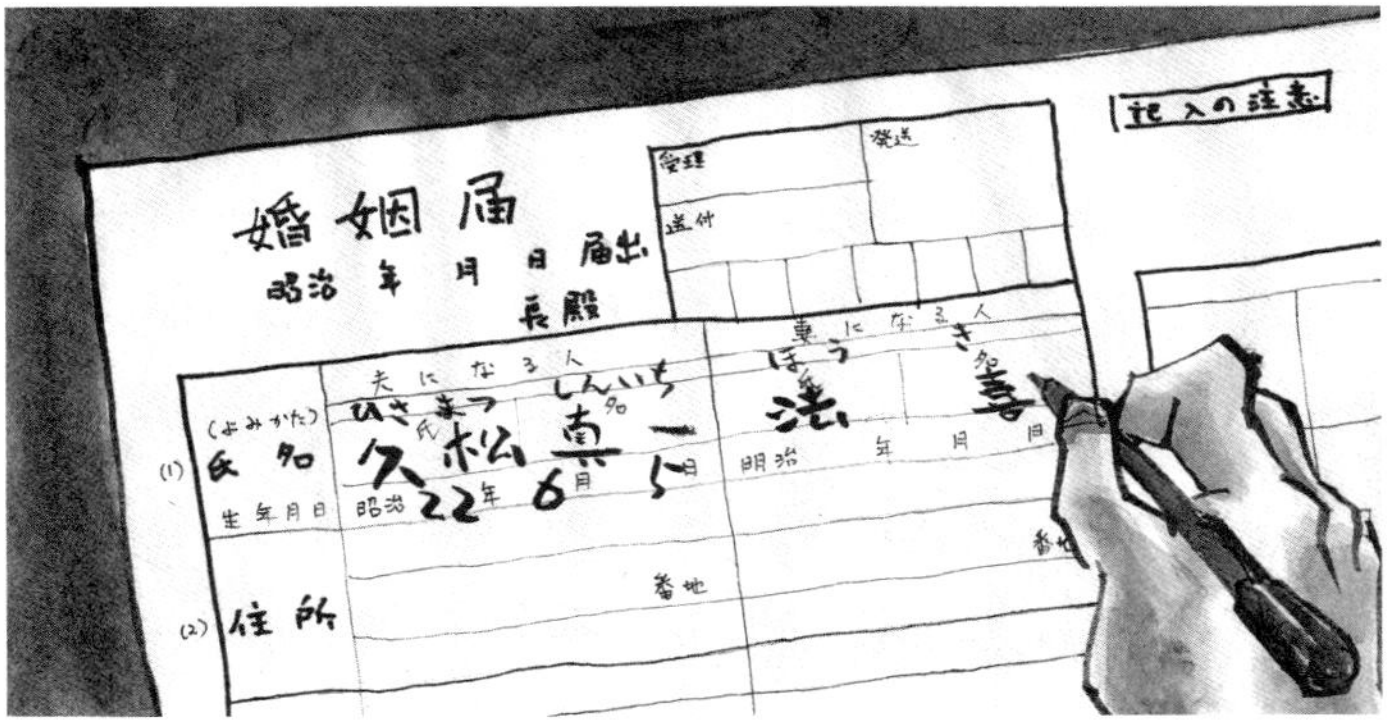

影響を与えられました。前にも話したことですが、わたしはあるとき、先生に「先生の趣味はなんですか」と尋ねました。すると、先生はしばらく考えてから、「趣味はありません」と答えられました。普通ならば、そうした返事は無粋のように聞こえましょう。しかし、この場合はそうではないのですね。先生は平常を法の生活（平常《びょうじょう》是《こ》れ道《どう》）として楽しんでおられたわけなのです。この意味で先生もまた法喜を妻として一生を終わられたということができます。別に趣味を必要とされなかった道理です。わたしたちも仕事が遊戯（趣味）となる生活をしたいものです。

第一三話　子供の世界は禅の世界（省念）

禅、禅というけれども、そんなにむつかしいもんじゃありまへん。子供の世界は禅でっせ。子供が画を描きまっしゃろ。汽車を描くのをみとってごらん。汽車に成り切って、ポッポ、ポッポ、ポッポ、ポッポ、ポッポと汽車と一緒に動きながら描いてまっしゃろ。無心でっせ。（中略）これ、禅と違いまっか。

（半頭大雅編『禅　森本省念の世界』）

子供はいつも無我無心

鈴木大拙もまた子供の世界に禅に通じるものを見ています。大拙はつぎのような会話をその著書に載せています。家に帰ってきた子供に家人が尋ねました。

「お前どこへ行っていたの？」（"Where Did You Go?"）

「外にいた。」（"Out."）

「何していたの？」（"What Did You Do?"）

「何もしていないの。」（"Nothing."）

大拙は、子供の「外にいた」「何もしていない」という何の屈託ものない返答のうちに、かえって内外の区別を破った虚空《こくう》の下で、「無我無心」に駆けたり跳んだりして遊びまわった遊戯の世界（禅の世界）がほの見えると述べています（『東洋的な見方』）。

子供は小さな宗教者

『子どもは小さな哲学者』（G．B．マシューズ）という本を読んだことがあります。子供は大人が当たり前だと思っていることでも素朴に疑問を感じたりします。そしてその問いは素朴であるだけ根源的である場合が多いものです。子供はこのように、その意味で確かに「哲学者」であるわけですが、同時にまた「宗教者」でもあります。「幼児のようにならなければ、天国に入ることはできないであろう」とは聖書の言葉ですが、子供の無邪気な心は宗教心と同質のものです。もちろん、禅の場合でもこのことは例外ではないわけです。こうしてみると、良寛さんが子供たちと一緒になって遊ばれた気持ちがよくわかるように思います。

子供等と手毬つきつつ此の里に　遊ぶ春日は暮れずともよし

子供と祖母の対話

森本省念《もりもとしょうねん》老師（一八八九—一九八四）にはさらに「もっと面白い話」があります。

あるお婆さんから、娘のところに電話がかかりましたんや。するとその娘さんに、可愛い子供がありましてな、その子供の声をお婆さんに聞いてもらおうと、子供を電話口に立たせましたんや。その会話が面白おまっせ。子供って何もしゃべることありゃしまへんでな、「お婆ちゃん、お婆ちゃんか。僕や。あのなー、ここになー、電気掃除機あるぜ」。話は、これでしまいでんね。これ趙州《じょうしゅう》和尚の庭前《ていぜん》の柏樹子《はくじゅし》と同じでっしゃろ。（『禅森本省念の世界』）

この話が「面白い話」だとすぐに思えた人は、かなり禅のわかった人だと思います。少し解説しておきましょう。趙州の庭前の柏樹子の話は『無門関』第三十七則に出ています。ある僧が仏法の根本の意味を質問したとき、趙州はただ「庭の柏の樹」と答えました。趙州は目前の柏樹を対象的に見て、そう答えたのではありません。柏樹と一つになったところでその答えをしているのです。これは正に生きた禅そのものです。子供が「ここになー、電気掃除機あるぜ」と言ったのもまったく同じで、子供は掃除機となってお婆さんに呼びかけたのです。子供は自覚していませんが、子供はそのとき確かに立派な禅者であったのです。

公案を生かして使う

森本老師は今見ましたように、禅の公案をただ公案として終わらせるのではなく、わたしたちの実際の生活上にそれを応用して使っていかれました。だから、このようにも言っておられます。「禅の語録をひっかついで、アメリカへ、のこのこ出かけなくても、わしやったら漫画で布教してみせまっせ」。老師の素晴らしいはたらきがここにも見いだせます。

第一四話　自由党の首領は大聖釈迦牟尼仏である（滴水）

滴水《てきすい》禅師、河野広中《こうのひろなか》にいわく、「お前さんは自由党の錚々《そうそう》たるものだそうだが、果たして自由の意思を解しておるかどうか、元来自由党の首領は大聖釈迦牟尼仏《だいしょうしゃかむにぶつ》だ、どうじゃ」「お前さんが真に自由党になろうと思えば須らく乾坤唯《けんこんただ》一人ということを会得《えとく》せねばならぬ」。

（寒川鼠骨編『滴水禅師逸事』）

禅者の自由

滴水宜牧《てきすいぎぼく》禅師（一八二二―一八九九）が明治期の自由民権運動家・河野広中（一八四九―一九二三）に語った言葉です。河野広中が禅（仏教）にどれほど通じていたかわかりませんが、果たして滴水の言葉の意味が理解できたかどうか。

河野のめざす自由は政治的な自由で、所詮相対的な自由にすぎなかったのですが、滴水禅師はそれに対して禅的自由、すなわち絶対的な自由の立場にたって説法しています。

　山岡《やまおか》鉄舟《てっしゅう》居士（一八三六―一八八八）のところへある自由党員が訪ねて来て、自由民権の説を滔々《とうとう》と論じました。これを聞いていた鉄舟居士は何も言わずに席から立って出ていこうとしました。すると、その党員はそれを止めて、「小生の意見は先ほどから申したとおりだが、先生はそれに対して何のお答えもなく出ていかれるとはどういう

ことですか」となじります。鉄舟居士は笑って言いました。「やはりわたしの自由ではありませんか。君はどうしてわたしの自由を妨げようとするのですか」（禅文化研究所編『禅門逸話選』中）。この場合もまた、鉄舟居士は禅の絶対的な自由の立場にたって振る舞っているのです。鉄舟居士の話は第二三話、二四話にも取り上げています。

相対的自由と絶対的自由

自由民権論者の主張する政治的自由を含め、通常世間で問題とされている自由はすべて相対的な自由に属します。なぜかと言いますと、それらの自由によって仮に当面の不自由が解消されたとしても、やがてまたその後から新しい不自由がつぎからつぎに必ず起こって来て、いつまでたっても究極絶対的な解決に到り得ないからです。決定的なのは、普通にいうところの自由は生死《しょうじ》の問題を解決し得ないことです。いわゆる自由は生死については自由であることはできず、何ら為す術を持ち得ません。この決定的な点に関して、その自由は不自由であるというほかありません。ですから、自由、自由と世間でどれほど叫んでみても、その自由は相対的で、あらゆるものから解放された絶対的な自由であることはできないということです。

禅者の絶対的自由

絶対的な自由は、自由・不自由の相対的区別を超えた、不自由をも自由へと転じてゆく自由です。世間は七転八倒する苦渋の修羅場ですが、絶対的な自由はそのような不自由をも不自由としない洒々落々底《しゃしゃらくらくてい》（さっぱりとして物事に囚われない）のものです。

雨は降る　薪《まき》はぬれる　日は暮れる　赤子の泣くに　瘡《かさ》の痒《かゆ》さよ

白隠門下で世語として使われたこの歌は、不自由な修羅場の生活を写しているようで、実は同時に極楽浄土の不自由のない光景を描いているのです。雨風の日の不自由を厭《いと》うのではなく、このような日も好しとする自由さがほしいものです。「日々是好日《にちにちこれこうにち》」とはそういうことを言います。

乾坤唯一人

それでは、どうすれば絶対的な自由を享受できるようになれるのでしょうか。滴水禅師は、「乾坤唯一人」を会得する必要を説いています。「乾坤唯一人」、すなわち「天地、われ一人」ということは、「われ」が天地一杯「われ」になる、そうすることで「われ」を忘れる、「われ」が無になる、ということです。「天《てん》上《じょう》天《てん》下《げ》唯《ゆい》我《が》独存《どくそん》」もこの謂《い》いです（それは独我論の主張では決してありません）。

必然即自由

鈴木大拙は「ひじ、外に曲がらず（臂膊《ひはく》、外に向かって曲がらず）」という句を見て、大悟したと言われています。「うん、これでわかるわい。なるほど、至極あたりまえのことなんだな。なんの造作もないことなんだ。そうだ、肘《ひじ》は曲がらんでよいわけだ、不自由（必然）が自由なんだ」。これが大拙の悟りの内容だったそうです（秋月龍珉『世界の禅者　鈴木大拙の生涯』）。「眼横鼻直《がんのうびちょく》」、眼は横、鼻は縦に固定されて自由がききませんが、眼鼻自身はそのことについて不自由だと一言も不平を言ったりはしません。同じように、肘も外に曲がらないことを理由に不自由だと文句は言いません。不自由だと思うのは、われが無に成り切り、肘そのものに成り切れないでいるからなのです。

無に目覚め、乾坤唯一人となることによって初めて、生老病死に代表される一切の不自由を超える絶対的な自由をわれわれは手に入れることができるのです。そして、この最初の覚醒者が釈迦牟尼でした。釈迦が真正の自由の党の首領と言われるのはそのためです。

第一五話　なぜ規則を守らねばならないのか（雲門）

雲門《うんもん》いわく、「世界はこのように広々しているのに、どうして合図の鐘がなったからといって、法衣をつけて法堂《はっとう》に出かけていかなければならないのか」。

（『無門関』第十六則）

規則の主人公になる

世の中には、守らなければならない決まり事が山ほどあります。面倒といえば面倒なことかも知れません。「何とも窮屈なことじゃわい」と、雲門文偃《うんもんぶんえん》禅師（八六四―九四九）も口では言っています。けれども、口ではそう言っていますが、その実、窮屈さは少しも感じていないのです。雲門の場合には、出かけるときは出かける、ただそれだけのことなのです。そのつど物事に成り切る禅定の無が、「なぜ、どうして」という疑問をまるごと透過していて、何の障るところもないからです。

雲門は規則に使われているのではなく、規則の主人公になっているのです。鈴木大拙もまた、いつも「忙しい、忙しい」と言いながら、少しも忙しそうなふうでなかった

と言われています。

問うことが苦悩の元凶

一般の人の場合にはそうはいきません。「なぜ、どうして」という疑問がその人の心に絡みつき、解決の糸口が見いだせないまま、悩み、苦しみ、不安を抱えることになります。「なぜ、規則を遵守しなければならないのか」「なぜ、子供や老人の世話をしなければならないのか」「なぜ、生きなければならないのか」等々、われわれの現実生活は「なぜ」の連続ですが、このことが世界を苦悩の色に染め上げます。

一体、問うということは人間に自然なことであり、また必要なときも確かにありますが、問題が直接わたしたち自身に関係するような場合には、その問いと問われるもの（問いの対象）との間に生じる裂け目が埋めがたい溝となって、そこから迷惑や苦悩や不安が生じることになります。問いと問われるものとの裂け目こそ、一切の苦しみの源泉なのです。そこで禅（仏教）は問題の究極的絶対的な解決のために、その裂け目が生じないように、問いと問われるものとが一つ（一如《いちにょ》）になるように教えます。なぜなら、もともとがそうだからです。裂け目が残されたままではいったん問題が解決されたとしても、なおその裂け目から新たな問いが生じてくるからです。

成り切る

事物と一つになることを、禅の世界では「成り切る」と言ったりします。実際の禅修行では、すべての「なぜ」をいったん封じ、そのつど事物に「成り切る」行を通じて、禅定《ぜんじょう》（三昧《ざんまい》）の大安心《だいあんじん》の生活を目指します。もちろん、この境地が手に入ったとしても世の中の決まり事が消えてなくなるわけではありません。ですが、この境地では以前のように、決まり事が面倒で窮屈な障りとなることはもはやありません。反対に、こちらが主人公となって諸々の決まり事を自由自在に扱っていけるようになるのです。雲門の境界《きょうがい》はそのようなものだったのです。

「礼拝して何を求めるのか」

以上の話を参考にして、つぎの話頭を吟味してみてください。

黄檗希運《おうばくきうん》禅師（生没年未詳）が仏像に礼拝しているとき、皇帝の宣宗がそれを見て質問しました。「仏も求めず、法も求めず、衆も求めずというのに、礼拝して何を求められるのか」。黄檗禅師が答えました。「仏も求めず、法も求めず、衆も求めずというように、常に礼拝しておる」。宣宗が言いました。「礼拝して何になる」。黄檗禅師はそこで平手打ちを食らわせました。

（『碧巌録』第十一則）

無戒《むかい》

第一六話　戒は破れても戒体は破れない（省念）

法然上人《ほうねんしょうにん》は、戒を破っても破っても破れないものに気がついたんです。お母さんの戒が破れて、そこから子どもが生まれてくると、生まれてきた子どもは童貞であったり処女であったりするわけですね。だから、戒というものは、破っても破っても、破れないものがある。戒という現象は破れるが、しかし戒体は破れない、そこに気がついたんです。

（半頭大雅・山田邦男『悟りの構造』）

先だって突然、見知らぬ人から長岡禅塾宛てのｅメールで「禅の戒とはどういうものか」という質問をいただきました。ｅメールにはその人の身分や質問してきた目的など何も記されていませんでしたし、第一、仏法に関する話をeメールのやり取りで済まそうとするその魂胆が気にいりませんでしたので、わざとそのままにしておきました。果たして、当人からその後何も言ってきませんでした。結局、その人にとって戒の問題はその程度のものだったのですね。それにしても、何でもかんでも手っ取り早く済まそうとする時代になったのだなぁと改めて思った次第です。

禅の戒——無相心地戒《むそうしんちかい》

そのことはさておき、ここで禅の戒についてお話ししておきましょう。禅の戒は無相心地戒と呼ばれます。無相の心に対する戒です。有相《うそう》の心に対する戒なら、わたしたちの普通の心に対する戒のことですから理解できるでしょうが、無相の心に対する戒とはどのようなものでしょうか。無相の心ですから、「一切皆空《いっさいかいくう》」で何もありません。何もないのですから、本来戒もありません。それにもかかわらず無相心地戒とあえて「戒」の字が付いているのは、言ってみれば「無相の心であれ」という戒めの気持ちがそこに表わされているのだと思います。まとめてみますと、禅は無戒です。戒はありません（戒無し）。しかし強いて言えば、「無であれ」という戒があることになります（無という戒有り）。

不《ふ》飲酒戒《おんじゅかい》

具体的にお話ししてみましょう。無相心地戒の一つに不飲酒戒があります。酒を飲んではならぬという戒です。有相心地戒であれば、酒を飲めば戒を犯したことになります。けれども無相心地戒の立場であれば、ぐっと無心で飲んでしまいます。これを現象として見れば、確かに不飲酒の戒を破っていることになるのでしょうが、無心ですから飲んだということはありません。いくら飲んでも少しも飲んでいないのと同じです。この意味で、（酒を飲んで）戒をいくら破っても破っても、（飲んでいないのですから）その本体は破られずに保たれていることになります。

昔、わたしを指導して下さった上田閑照《うえだしずてる》先生がある宴席で「酒を飲んだら酔わねばならぬ」ということを言われました。しかし、酔っぱらって管を巻くような飲み方を勧められたわけでは決してありません。

『論語』に「酒は量なし、乱に及ばず」とありますが、不飲酒戒を守るとはそういう事でもあります。

情識《じょうしき》を折る

禅の戒をいま飲酒の場合を例にとって述べてみましたが、不殺生戒《ふせっしょうかい》、不淫《ふいん》欲戒《よくかい》などの他の戒についても法理はみな同じです。しかし、くれぐれも注意していただきたいことは、禅の戒があくまでも無相の心を前提にしていることです。一休さんは「不邪淫戒《ふじゃいんかい》」と題した詩の中で、「淫犯《いんぼん》若《も》し能《よ》く情識を折らば、乾坤忽ち《けんこんたちま》変じて黄金とならん（淫犯若能折情識　乾坤忽変作黄金）」（『狂雲集』巻上）と詠っています。「女犯《にょぼん》の罪を犯しても、情欲や分別心を断ち切ることができたら、天地は一変してお浄土になるだろう」という意味です。『論語』では、そういう境を「楽しんで淫せず」と言っています。ポイントは「若能折情識」にあります。この条件が欠落していますと、それこそ生臭坊主と非難されても抗弁のしようがないでしょう。

それでも人は、よくお寺の門前に「不許葷酒入山門（葷酒《くんしゅ》山門に入るを許さず）」

（ネギ・ニラなど臭気のある野菜や酒を寺内にもちこんではならないということ）と書かれているではないか、と言うかもしれません。その答えは簡単です。それは無相心地でない人たちに向けて書かれているのです。

無戒の仏教（禅と浄土教）

最初に法然上人の名前が出ていましたが、日本仏教史の上で初めて無戒を主張したのは、鎌倉時代になって新たに浄土系の思想を展開した法然・親鸞でした。それまでの奈良仏教や平安仏教では多かれ少なかれ戒を設けていましたから、それは革新的なことでした。最初に無戒を言ったのは、先の文章のように戒体の不毀損性《ふきそんせい》に気づいた法然でしたが、それでも法然にはまだ観念的なところが残っていました。法然の無戒の説を徹底したのは弟子の親鸞でした。親鸞には、「罪悪深重《ざいあくじんじょう》・煩悩熾盛《ぼんのうしじょう》（罪深く煩悩の炎が盛んなさま）」（『歎異抄』）の自分のようなものには戒など到底守れないという深刻な自覚がありました。そして、弥陀の本願こそはそうした破戒の自分を救って下さるものだとわかったのでした。従って、本願を信じて念仏する親鸞の立場でも戒は存在しません。このように日本仏教は、鎌倉期に盛んになった禅および法然・親鸞の浄土系思想がともに無戒の立場を宣揚することを通してラディカルな転換をとげ、一つの頂点に上りつめたと言うことができると思います。なぜなら、ここに仏教の奥義「煩悩即菩提《ぼんのうそくぼだい》」が現実のものとなったからです。

渋柿の　そのまま甘し　吊るし柿。

第一七話　蛸を食っておらぬ（一休）

一休さんは蛸《たこ》が好物であった。ある日、自坊で蛸をたらふく食べた後、檀家に出かけて行き、そこで具合がわるくなって吐いてしまわれた。それを見た檀家の人たちは、「一休和尚は仏様のように思っていましたが、蛸を召し上がるとは生臭坊主ですなあ」と、嘲り笑った。すると、一休は少しも騒がず、「わしは蛸は食べておらん」と言い張った。亭主が、「口から吐き出したものを食わぬと言い張りなさるか」と、追い打ちをかけると、一休の言うに、「浄土教の善導大師《ぜんどうだいし》は阿弥陀を食べたことはないが、口から阿弥陀三尊が出ていらっしゃる。善導さんでさえ、食べないけれども、口から出る阿弥陀様をおさえられない。ましてわたしのような愚僧が、食べないが、口から蛸が出るとは、さらに仕方のないことじゃ」。

（三瓶達司＋禅文化研究所編『一休ばなし集成』）

この話をいわゆる頓知《とんち》ばなしとだけ見てはなりません。禅の立場で見れば、一休さんの主張は間違ってはいないのです。一休さんは蛸を食べても実は食べておられなかったのです。そのわけは、食べるときは食事三昧、食べることも忘れるのが禅者の行き方だからです。禅僧はお酒もよく嗜みます。酒のことを般若湯《はんにゃとう》（智慧の涌く湯）と呼んだりしています。飲むと口が滑らかになるからでしょう。ただし、「酒は量なし」であっても、「乱に及ばず」でなければなりません。酔っぱらって羽目を外すことは、見ていて格好のよいものではありません。

頓知と頓悟

檀家さんに責められて、一休さんが持ち出した言い訳の部分は得意の頓知の部類に属しましょう。頓知の「頓」は「すぐに、急に、にわかに」の意味で、「漸」（よ

《無戒》第一七話　蛸を食っておらぬ（一休）

うやく、しだいに）に対して使われます。禅の世界では、「直覚的に得られた悟り」のことを「頓悟《とんご》」、「順序次第を経て得られた悟り」を「漸悟《ぜんご》」といって区別しています。ですから、「とっさの知恵、機知」と説明されるいわゆる頓知は頓悟と似ていますが、普通の場合、頓知が有心から出た知恵であるのに対して、頓悟は無心から出た直接智（直覚）である点において決定的に違っています。

一休さんと蓮如上人《れんにょしょうにん》

善導大師《ぜんどうだいし》（六一三―六八一）は中国、唐初の僧で浄土教の大成者です。日本の法然・親鸞に多大の影響をあたえました。善導はもちろん阿弥陀を食べたことなどはありませんでしたが、口から自然に「南無阿弥陀仏」と念仏が出たという意味です。一休さんは浄土真宗の中興の祖である蓮如上人（一四一五―一四九九）と親交のあったことが知られています。一休さんの善導大師への言及にはそのような背景も考慮に入れておいてよいのかも知れません。一休さんには、

わけのほる　ふもとの道は　おほけれと

おなし高ねの　月をこそ見れ

という歌にも示されていますように、宗派に囚われない寛容の心がもともとあったようです。

一休さんの「蛸を食っておらぬ」の話に因んで、一つ公案を引いておきましょう。

「或庵《わくあん》曰く、西天《さいてん》の胡子《こし》、甚《なん》に因《よ》ってか鬚無《ひげな》き（達磨さんにはどうして鬚がないのですか）」（『無門関』第四則）。さあ、皆さんはどう答えますか。

第一八話　わしんとこの肉はすべて上等じゃ（盤山）

盤山宝積《ばんざんほうしゃく》禅師が一日、街に出て肉屋の前を通りかかったところ、ひとりの客が肉屋の前で、「上等の肉を一斤もらいたい」と、注文しているところに出くわした。すると突然、肉屋の主人は叉手《しゃしゅ》して、「わしんとこの肉はすべて上等じゃ」と言ってのけた。盤山はそれを聞いて悟りをひらいた。

（『五灯会元』巻三）

叉手当胸《しゃしゅとうきょう》

叉手、すなわち叉手当胸（胸の上で両手を重ねる）は無字の形姿とされ、無の体得をめざす雲水《うんすい》（禅の修行僧）は立っていたり歩いたりする時には、手をぶらぶらさせず、叉手当胸することが作法となっています。雲水が手をぶらぶらさせて歩いている姿はいかにもだらしなく見えますが、反対に叉手当胸している姿を見ますと、心が一点に集中した緊張感が伝わってきて、思わずこちらもしゃんとした気持ちにさせられるものです。

この話のミソは、肉屋の主人が叉手当胸をして客に対応したところにありそうです。つまり主人は無になって「わしんとこの肉はすべて上等じゃ」と言ったわけですが、無になっていた以上、一切の分別や差別は超えられていたことになります。ですから、そこでは肉の質に関しても上等下等の沙汰はなくなります。盤山はその辺の消息にうなずくところがあったに違いありません。後になって、その客は「わしはつまらんことを言うてしもうたわい」と悔いたかもしれませんね。

古本屋での経験

わたしにもこれに少しだけ似た経験があります。学生の頃でした。大阪の天満橋近くに、ときどき覗く洋書専門の古本屋がありました。洋書の場合、そのタイトルを判読しようとするには、横文字ですから、こちらの首を横に傾けなければなりません。長くそうやっていると首や肩も凝ってきます。あるとき、そんなことをしているうちに疲れてきて、面倒くさくなったものですから、店の主人に「何か面白い本はありませんか」とつい横着をしてしまいました。すると、薄暗い奥の方から返ってきた店主の返事が、先の肉屋の主人と似ていて、「うちには面白くない本なんかおいておまへん」と、大阪弁でのひどいしっぺ返し。まだ生意気盛りの若造にすぎなかった当時のわたしは、その言葉にぎゃふんと言わされて、すごすごとその店を出ていったものでした。もしあの時、店の主人が叉手当胸していたらと今は夢想しますが、万が一、そのようなことがあったとしても、あの頃のわたしではとても契合することはかなわなかったでしょう。

第一九話　庵を焼く（婆子）

昔、ある老婆がいつも十六くらいの娘に飯を運ばせて、ひとりの庵主を二十年もの間、供養しつづけた。ある日娘に、庵主を抱きしめて「このようなときは如何でございますか」と問わせるようにした。すると、庵主は、「古木寒巌《こぼくかんがん》に倚《よ》り、三冬暖気《さんとうだんき》なし（古木が寒巌に寄りかかった、暖気のない真冬のような境地だ）」と答えた。娘からその答えを聞いた老婆は、「わたしは二十年もの間、ただひとりの俗漢を供養しただけだった」と言って、庵主を追い出し、庵を焼き払った。

（『五灯会元』巻六）

この話は「婆子焼庵《ばすしょうあん》」の名で知られ、公案の一つとなっています。話中の庵主は比較的若い壮年期の修行僧であったと考えられます。一般的な見方からしますと、若い娘に抱きつかれても、そのことに少しも動じる気配を見せなかったその庵主の態度はあっぱれと賞賛されるに値するでしょう。禅の立場から言っても、それがまったくダメだというわけではありません。それにもかかわらず、老婆がその庵主を俗漢と言って罵倒し、庵を焼いてしまったのはなぜでしょうか。

その庵主は無字を体得していても、まだ無字から飛び出すことはできていないようです。仏教の言葉を使えば、平等の世界に偏しているために、差別の世界での自由闊達なはたらきができないのです。脱落身心（空《くう》となって自在にはたらく身心のこと）の消息は身心脱落（身心が空になること）の自在行となってはじめて本物の禅と言えるのです。老婆は庵主の言葉を聞いて、その点に業を煮やしたというわけです。この老婆、なかなかの達者ものです。

黙雷《もくらい》と峨山《がさん》

それでは娘に抱きつかれた庵主は、あの時どのように対応すべきであったのでしょうか。ここに、そのヒントになるような話を二つ挙げておきます。

その一。ある人が竹田黙雷《たけだもくらい》老師（一八五四―一九三〇）に尋ねました。「老師、あなたは童貞ですか」。老師は言下に「そんなこと聞くもんじゃない」。老師は軽く一蹴されました（『黙雷禅師遺芳』）。

その二。橋本峨山《はしもとがさん》老師（一八五二―一九〇〇）が天龍寺派の管長としてある宴の席に招待されたときのこと。そこに祇園あたりから綺麗どころが大勢お酌にきていました。ある郡長某が老師に向かって、「あなた方でもこういうきれいな人たちを見られたら、まんざら悪い気持ちはせんでしょう。管長さんいかがですか」と尋ねた。すると老師、すまし顔で、「お前さんたちが、そういうことをいっておるから、どうしても郡長の上に管長が坐っとらんならん」と、答えられた（山田無文『無文全集』第二巻）。

「婆子焼庵」の公案に定まった答えがあるわけではありません。決め手はその答えが脱落身心のものかどうかということです。その観点から右の二つの話を採り上げてみました。

第二〇話　木仏を燃やす（丹霞）

丹霞天然《たんかてんねん》禅師がある寺に泊まった時の話である。その日はたまたま大変寒く、丹霞はどうしたものかと思案したあげく、寺に安置してあった木仏を取り出し、それを燃やして暖をとった。これを見た寺の住職は怒って詰問した。「わが木仏を燃やすとは何事か」。すると、丹霞は杖で灰をかき回しながら素知らぬ顔で、「舎利を探しておるのじゃ」と答えた。住職いわく、「木仏にどうして舎利などありますものか」。そこで丹霞は、「それじゃ、残りの二体も燃やしてしまってよろしいか」と尋ねた。この問答の結果、丹霞に対する誤った叱責が災いして、住職の眉毛が落ちてしまった。

（『五灯会元』巻五）

仏像は絶対の無を表わす像にすぎない

「謗法《ほうぼう》の者は眉鬚堕落《びしゅだらく》す」と言われています。この話では、仏法を誹謗したのは木仏を燃やした丹霞天然禅師（七三九―八二四）ではなく、そのことを咎めた住職の方であったというのが、禅の立場での裁定です。これは世間的常識とはまったく逆ですので、いぶかしく思われるでしょう。なぜ、そうなるのでしょうか。

仏教、従ってまた禅は絶対の無（有無を離れた無）を根本とします。「仏」は「絶対の無」の別名なのです。仏像はその絶対無（仏）を指し示すための方便として形作られたものにすぎません。丹霞和尚はよく無に徹していたがゆえに、そのことがわかっていました。木仏を燃やすという一見冒涜的にみえる行為は、そうした深い悟りから出たものでした。それに対して、仏像を仏そのものと取り違えて有り難がった住職の方はまだ「絶対の無」に徹せず、有心のままだったと言うほかありません。

だれでも仏像を燃やしてよいわけではない

ここで注意しなければならないことがあります。それは、仏法の道理がそういうことなら、誰でも仏像などを毀損《きそん》してかまわないのではないか、というような考え方です。それは違います。まだ悟っていない有心の者がそのような行為をすれば、それは仏教を完全に誹謗したことになります。また、たとえ悟りの体験が少々あったとしても生噛《なまかじ》りものであれば、それは禅天魔（独断的となった禅）の仕業ということになります。

「平常是道《びょうじょうぜどう》」の真意

同じことは「平常是道」の場合もそうです。平常の生活がそのまま仏道を行じていることだ、禅とはただ服を着たり飯を食ったりすること（着衣喫飯《じゃくえきっぱん》）なのだと言われると、それじゃ、このままでの生活を続ければよいのだと早合点する人がいるわけですが、そうではありません。平常がそのまま道の生活になるためには、まずわたしたちの有の心を焼き尽くさなくてはなりません。有の心は何かに囚われており偏向しています。その限り、どこか不自然であり、仏の道に適った道ではありません。ですから、どうしても一度は爐鞴《ろはい》をくぐって大死《たいし》してこなければならない（老師のきびしい指導を受けて死にきってこなければならない）のです。そのような過程を経て、無の心を得たものにして初めて、その行為はどれも純粋無垢なるものとして全肯定されるようになるのです。

経典《きょうてん》

第二一話　一切経の虫干し（良寛）

良寛和尚、ある日、「五合庵《ごごうあん》にて一切経の虫干しをするので来覧せられるべし」と言いふらす。村人が五合庵に行ってみると、和尚はその太鼓腹に「一切経」と書いて、裸で寝ていた。

（禅文化研究所編『良寛和尚逸話選』）

「五合庵」は大愚《たいぐ》良寛《りょうかん》禅師（一七五八―一八三一）が仮の住まいとしていた、国上山《くがみやま》の草庵のことですね。「一切経」とは仏教経典の全部を言い、「大蔵経」とも言います。禅宗寺院では曝涼《ばくりょう》と言って、毎年夏になると蔵書類などを陽にさらし風を通して虫干しをします。良寛さんはそのことが念頭にあって、村人にあのようなことを言ったのでしょう。ところが村人が出かけてみると、期待していたものは見つからず、ただ裸の良寛さんが腹に「一切経」と書いて寝ているだけだったというのですから、村人たちはさぞびっくりしたことでしょう。果たして良寛さんの魂胆は如何なるものであったのでしょうか。

お経とは何か

普通、お経と言えば誰でも、お釈迦さんの説法を文字で記した有り難い経典のことだと思うでしょう。けれども、空や無を根本原理とする仏教の立場からしますと、仏法は元来、言葉では説くことのできないものなのです。説けばただちに、無でなく有となるからです。ですので、お釈迦さんは悟りを開かれてから亡くなるまでの四十九年の間、一字も説かれなかった（四十九年一字不説）と言われたりしています。念を押しますが、説かれなかったのではなく、説けなかったのですね。そこのところを踏まえて、とくに禅では「不立文字《ふりゅうもんじ》、教外別伝《きょうげべつでん》」ということを強調します。

それにもかかわらず、わたしたちは仏教経典を「聖典」として絶対視する傾向があります。白隠《はくいん》禅師はそういうわたしたちの態度をつぎのように痛烈に叱責しておられます。「やい、経巻を巻いたり拡げたりしている奴は何処《どこ》のどいつだ。どいつもこいつもお経を探し求めようとするが、そんなことは紙屑の中をごそごそ探しまわるようなものじゃ（咄《とつ》。誰か舒巻《じょけん》す。多くは故紙堆中《こしたいちゅう》に向かって、黄巻赤軸《こうかんせきじく》を求む）」（白隠慧鶴『毒語心経』）。「黄巻赤軸」は経典のことです。お経は紙が黄紙で軸が赤いのが普通だからです。何か有り難いお経はないかと探しまわるのは、反故《ほご》の詰まった屑籠をあさるようなものだ、だからそんなことはお止めなさいと、白隠禅師はおっしゃっているのです。

三昧の生活そのものがお経である

お経の「経」の字は、古代インドの言葉（サンスクリット語）の「スートラ」を訳した漢字です。「スートラ」は「糸、紐」の意味なので、それで「たて糸」を指す「経」の字があてられました。「スートラ」には「教訓、教理、金言」などの意味もありますが、漢字の「経」にも「不変の真理」という意味があります（渡辺照宏『お経の話』）。

それでは仏教における永遠の真理とは何なのかと言えば、それはすでに述べましたように「無」であります。従って真のお経は、経典の文字上にではなく、無の生きたはたらきの上に見て取らねばなりません。良寛さんは何も思わず（無心で）気持よく、裸でごろりと横になって真実のお経を開示されていたのでした。しかも「裸」になって、と言うことは、一切を曝《さら》け出してということですから、この意味で「一切経」を示しておられたわけです。

以上のようなわけですから、真のお経はわたしたちの三昧の生活（事物と一つになった生活）のうちに、その様はちょうど赤軸に巻かれたお経が拡げられていくように、展開されていくのです。古人はそこのところを、「人々《にんにん》に一巻の経有り（人々の生活そのものが一巻である）」「手に経巻を持たずして、常に如《にょ》是《ぜ》の経を読む（手に経を持たなくても、生活そのままが経を読むことである）」というふうに述べています。良寛さんはこう詠っています。

竟日《ひねもす》　無字の経　終日《ひねもす》　不修の禅
鶯《うぐいす》は囀《さえず》る　垂楊の岸　犬は吠ゆ　夜月の村

わたしは日《ひ》ねもす文字のない経を誦し、夜じゅう修証することのない禅を行ずる。鶯は岸の枝垂《しだ》れ柳にさえずり、犬は村の夜の月に吠えている。（入矢義高訳『良寛詩集』）

「鶯は囀る」以下の後半部分は自然の景色を詠っているように見えますが、三昧の境地から言えば、その実それはそのまま無字の大経典になっているのです。わたしは毎朝、庭を掃きながら、ひたすら掃除三昧経を誦経《ずきょう》しています（次話を参照）。

それでも反論する人がいるかも知れませんね。「そうは言っても、お坊さんは毎日、文字で書かれたお経を読んでいるではないか」と。それに対して、こう答えましょう。「いや、違います。決して文字を眼で読んではいません。臍《へそ》で誦経しております」。つまり、読んでいることも忘れた誦経三昧の境あるのみです。

第二二話　わたしのお経は払拭掃除三昧（省念）

廊下を掃除しておったら、そこが光明遍照十方世界《こうみょうへんじょうじっぽうせかい》、草引きのときは、草引きの場が光明遍照十方世界。わたしがこれに気がついたのは、三十六歳くらいの時でした。しかもそれが拭き掃除から入ったんでっせ。それでわたしの経典は払拭掃除三昧経《ふっしきそうじざんまいきょう》っていうんですわ。

（炉ばたの話編集室『炉ばたの話』）

作務《さむ》はただの労働ではない

これは森本省念老師が四十四歳で相国僧堂に掛搭される前、京都の浄土宗の寺で寺男同然の生活をされていた時の話です。

僧堂生活の大半は作務（肉体労働）で占められています。なかでも掃除はその主たるもので、竹ぼうきをもって庭を掃かない日はありません。何のためにそんなことをするのかと、初心者はみな疑問に思います。長岡禅塾でも最近、外国からやってきた学生が多く寝泊まりしているのですが、彼らにも作務の本当の意義が理解できておらず、せいぜい食事代・宿泊料の代わりに労働をさせられているのだくらいにしか考えていないようです（長岡禅塾では食事代・宿泊料は一切徴収していません）。労働を貨幣価値に限定する考え方は貨幣制度の発達とともに古いものだと思いますが、現代はとくにそうした風潮が顕著なように思います（「アベノミクス」とか）。それにつけても、「就職、つまりお金儲けを離れた大学がこの国に一つくらいあってもいいがなぁ」と言われた先師の言葉が思い出されます。作務に有形の徳はありません。それは無功徳《むくどく》です。

作務が悟りの機縁となる

それでは作務の意義は奈辺《どこ》にあるのでしょうか。それは三昧（禅定）を修得するところにあります。そもそも禅の修行は作務に限らず、すべて三昧を修得する行だと言っても過言ではありません。禅定を修する行の代表は坐禅ですが、坐禅は静中《じょうちゅう》においての行ですから、どうしても生命の活動が沈みがちになります。それに対して作務は、身体をはたらかせますから、生命活動が活発にならざるを得ません。禅は自由な生命の活動そのものですから、作務が禅修行の中で重要な役割を担っていることをおわかりいただけると思います。昔から、「動中《どうちゅう》の工夫《くふう》は静中《じょうちゅう》の工夫に優《すぐ》ること百千億倍なり」と言われてきてもいます。

しかし、なぜ三昧を修することがそれほど大切なのかと言えば、悟りの智慧が三昧（禅定）を基礎とするからです。仏教は智慧の宗教と言われますが、その智慧は三昧から生まれます。三昧なき知恵は迷いです。

「仕込み」期間の必要

悟りの機縁はさまざまですが、作務が機縁となった例として「香厳撃竹《きょうげんげきちく》」の話があります。皆さんも多分お聞きになったことがあろうと思いますが、香厳《きょうげん》智閑《ちかん》禅師（？―八九八）が掃除をしていて瓦礫《がれき》を竹藪に投げ入れたときに、それが竹にあたった音を聞いて悟ったと伝えられています。それは「一撃、所知を忘ずる（一撃の音と一つになり、すべてを忘れた）」ところの無の体験であったようです。ここで注意しなければならないことは、香厳は毎日ただ漫然と掃除をしていたのではないということです。悟りという甘美な酒ができるまでには、三昧生活の長い「仕込み」の期間が必要です。このことを忘れてはいけません。

森本老師の場合も作務が悟りの機縁になっていますが、それにも長年にわたる「仕込み」の期間が準備されていたと想像されます。そして、そういうある時に、いつものように掃除三昧になり、一所懸命に庭を掃除をされている折り、たまたまその掃き清められたその場が光明遍照十方世界（遍《あまね》く光明の照らす世界）にほかならないと悟られたのでした。老師が自分のお経を「払拭掃除三昧経」だと言っておられるわけについては、すでに前話でお経について話しましたので、おわかりいただけると思います。

第二三話　剣で臨済録を提唱する（鉄舟）

ある居士が鉄舟《てっしゅう》に臨済録の提唱を願い出た。そこで鉄舟は門人と撃剣一番をしてみせた。そして尋ねた、「わしの提唱はどうでしたか」。居士はただ唖然として言葉がなかった。

（大森曹玄『山岡鉄舟』）

提唱とは

禅の専門道場では毎月決まった日に老師の提唱（修行者に対して行なわれる講座のこと）が行なわれています。道場の入口に、提唱本の名前が板に大書されて出されているのをご覧になった方も多いのではないでしょうか。道場ではそのように禅の語録などを提唱本として使い、老師がその内容にそって唱導することが普通のやり方になっています。ですから提唱と言えば、誰でもそういうものだと思いがちです。案の定、ここに出てきた居士もそうだったわけですが、このことは何もその居士に限ったことではありません。実は中国の古い時代から、同じような誤解が人々の間に拡がっていました。

仏祖による提唱の例

例を挙げてみます。梁《りょう》の武帝《ぶてい》がある時、傅大士《ふだいし》（四九七―五六九）に『金剛経』の提唱をお願いしました。すると大士は、座上で前に置かれた机を一払いしただけで座を降りてしまいました。それで『金剛経』の提唱は終わりというわけです。当然、武帝は何のことかさっぱりわかりませんでした（『碧巌録』第六十七則）。

さらにもう一つ例を挙げてみましょう。世尊がある日、説法の座にのぼったときのことです。釈尊がまだ一言を言わないうちに、いきなり文殊が槌を打って、説法が終わったことを宣言しました。聴衆が呆気にとられたことは想像に難くありません（『碧巌録』第九十二則）。

禅は活物《かつぶつ》である

一体これは何を意味するのでしょうか。禅は活物です。ですから、たとえ提唱に『臨済録』という書物が使われるような場合でも、学校の先生がするように、文字をただ正確に読んで意味を説明していけばよいというものではありません。そういう仕方では先生も死んでいますし、文字も生きた文字（活字）になっていません。禅の世界ではそういう人を「揞黒豆《あんこくず》の和尚」と言って軽蔑しています。「揞黒豆」と言いますのは、「豆のような経典の文字を一つ一つ拾うこと」で、「揞黒豆の和尚」とは「ただのお経読みの禅坊主」くらいの意味となります。

禅は活物だと言いましたが、禅は人間のすべての心的能力すなわち知情意の全体の活発なはたらきそのものを言います。ですから説法する場合でも、そこに説法する人の人格全体がさらけ出されるような、いわゆる即身説法でなければなりません。かつてある道場の本堂に、即身説法と大書された軸が床の間に掛けられているのを見つけたことがあるのですが、それは説法者への戒めの言葉として、そこにあったのだと思います。

《経典》第二三話　剣で臨済録を提唱する（鉄舟）

鉄舟の意趣

山岡鉄舟がなぜ「剣」で『臨済録』を提唱したか、そのこともここで説明しておく必要があるでしょう。このことについては鉄舟自身が語っていますので、それを引用しておきます。

私は剣客だから剣道で臨済録を提唱したのだ。剣道は私の本分である。わたしは武人だから決して僧侶の真似などはしない。人真似はどんなに上手にやっても、みな死物である。たとえ碁、将棋のようなものでも、これを自分のものとして活用すれば有益であるが、いくら禅でも、死んだものや人真似では結局無益な道楽仕事に過ぎない。足下は永年禅を修行されていると聞くが、臨済録をただ活字を並べた書物だとばかり思っていては困りますね。（『同前』）

禅はつねに創造的でなければなりません。鉄舟の言葉に禅の面目が躍如としているように思います。

天平《てんぴょう》 従漪《じゅうい》（玄沙師備の曾孫弟子・生没年未詳）という和尚はつねに言っていたそうです、「やれ仏法がわかったのと、大きなことを言うてもらいますまい。

本当に提唱のできるような和尚はどこにもおらんわい」と（『碧巌録』第九十八則）。肝に銘ずべき言葉だと思っています。

第二四話　舌を使わずにしゃべれ（鉄舟）

あるとき、鉄舟は円朝《えんちょう》に「今日はひとつ桃太郎の話を聞かせてくれぬか」と命じた。円朝は言われるままに、得意の弁舌にいっそうのよりをかけて一席やってみせた。しかし、鉄舟はさも不満げに、「わしの母の語ってくれた桃太郎は生きていた。お前のは、舌で語るから、肝心の桃太郎が死んでしまっている」と言う。そこでそのわけを聞いてみると、鉄舟いわく、「俳優ならば、その身体を無くさなければ満足のゆく演技ができないのと同様に、落語家ならばその舌を無くさない限り、満足のできるような芸ができるものではない」と。

（大森曹玄『山岡鉄舟』）

円朝、無舌居士となる

鉄舟は山岡鉄舟居士、円朝とは鉄舟にも参じた落語家の初代三遊亭円朝（一八三九—一九〇〇）のことです。

この続きがあります。その後、鉄舟は円朝に、舌をなくして話す名人になりたいなら禅をやるしかないと禅修行をすすめます。それを聞いて、芸熱心の点では決して他人に引けをとらない円朝はさっそく趙州《じょうしゅう》無字《むじ》の公案（『無門関』第一則）をもらい、丸二年のあいだ苦辛に苦辛を重ね、ついに無字を許されたのでした。そこでその証拠を見せるべく、円朝は鉄舟のまえで再び桃太郎を語ってみせました。それを聞いた鉄舟、「ウム、今日の桃太郎は活きていたぞ」。このようにして、円朝に無舌居士の号が与えられました。

勝つと思うな、思うと負ける

この話は禅の得意技の一端にふれたものです。『般若心経』に「無眼耳鼻舌身」とありますように、われわれには元来、舌だけではなく眼も耳も鼻も体も有りません。いや、ちゃんと有るではないかと言われるかもしれませんが、それは意識という有心がそう思わせているだけです。それは迷いなのです。無心になれば何もないのです。その何もないものが見たり聞いたり話したりするのですから、妙と言えば妙です。しかし、そういう妙用《みょうゆう》（絶妙なはたらき）が真に見ることであり、聞くことであり、また話すことなのです。円朝の場合も、無字を透過することを通して、うまくしゃべってやろうという有心がすっかりとれて、無心になって語り得たからこそ、桃太郎の話が活きたものになったのです。「勝つと思うな、思えば負けよ」と、美空ひばりの歌にもありますように「うまくやってやろう」という有心の意識がはたらきますと、不自然な力みが入り、それが邪魔になって却って本来の力が発揮できなくなるのです。

意識はわれわれを縛る縄である

われわれは普段、ある場面に限って言えば無心で生活しています。例えば、息をしている時、息をしていることを意識していませんし、歩くときなども足の運びをいちいち意識せずに歩いています。それらはまったく自然で、そこには何の問題もありません。ところがそれらを意識した途端に動きがぎこちなくなります。これは意識することが不自然、非真実だからです。

こんな笑い話があります。「むかで」という動物は「百足」とも書きますが、百本の足を一糸乱れず運ぶ見事さに感心した別の動物が「むかで」に、どうしてそんなに上手に足を一斉に運ぶことができるのかを問いました。「むかで」がそのことを考えだした途端に足がもつれてころんでしまったそうです。この話は有心の意識は不自然、すなわち本来の有り方、真実の有り方でないことをわれわれに教えています。禅の言葉に「終日《しゅうじつ》行じて未だかつて行ぜず、終日説いて未だかつて説かず（一日中いろいろなことを行なっているが、行なっているという意識はないから、行なっていないのと同じ。一日中いろいろ話をしているが、話をしているということを意識していないので、一言も話していないようなものである）」というのがありますが、われわれもそういう心持ちで一日一日を過ごしていきたいものです。

第二五話　手を使わずに瓜をわたせ（大灯）

役人が群がる乞食に向かっていった、「脚を使わずに来るものに瓜を与えよう」。大灯《だいとう》がそれを聞いて言った、「手を使わずに瓜をわたせ」。

（日本の禅語録六『大灯』）

般若の智慧のはたらき方が、前話と同工異曲であることはすぐおわかりだと思います。この話は有名なのでご存じの方も多いことでしょう。大灯とは大灯国師の名で知られている、大徳寺開山の宗峰妙超《しゅうほうみょうちょう》禅師（一二八二―一三三七）のことです。

大灯の聖胎《しょうたい》長養《ちょうよう》

さて、これは大灯国師が聖胎長養のために京都の五条河原で乞食生活をしていたときの話です。聖胎長養の「聖胎」とは「仏種子《ぶっしゅし》（仏になる種）を蔵している神聖な肉身」、「長養」とは「増長させ養成すること」などと辞書で説明されています。ですから、聖胎長養とは覚醒した真実の自己を、さらに実際の場で練り上げ完成させていくことだと言うことができるでしょう。禅宗では「悟後の修行」ということを言いますが、聖胎長養はそれに属します。

大灯国師は二十六歳のとき、南浦《なんぽ》紹明《じょうみょう》禅師（大応《だいおう》国師、一二三五―一三〇八）より印可されるのですが、そのあと二十年の聖胎長養に入ります。そうするうちに、後醍醐天皇（一二八八―一三三九）がある老僧から現在もっとも優れた禅僧は大灯であることを知らされました。が、大灯は乞食の群に入っていて、見つけ出すことは容易ではありません。しかし、大灯の好物が瓜であることを聞きつけ、ある日、役人が五条橋下

で乞食たちに瓜の施しをすることにしました。ここに掲げた話はそのときの話です。「脚を使わずに来るものに瓜を与えよう」という役人の言葉に、他の乞食たちはただ茫然とするだけでした。ところが大灯が「手なくして瓜をわたせ」とやりかえしたものですから、その一言でいっぺんにその乞食が大灯であることが見破られてしまい、朝廷に召されることになってしまいました。

中国巨匠の例

中国の禅の巨匠たちも、世に出るまでに長い聖胎長養の期間を経験しました。六祖慧能《ろくそえのう》大師（六三八―七一三）は五年（十五年とも十六年とも言われる）の間、山中で猟師仲間に入って生活をしました。南陽慧忠《なんようえちゅう》国師（？―七七五）は南陽の白崖山というところに四十年とどまり、一度も都に出ませんでした。聖胎長養は必ずしも人里離れた山の中でのこととは限りません。市中に出て世事にかかわる中で長養が試みられることもあります。聞いた話ですが、ある禅匠は印可を得た後、長養のために素性を隠してわざわざ街中の商店に勤めて、丁稚《でっち》同然の下働きから始められました。ところが禅で鍛えたそのはたらきがあまりに見事だったものですから、丁稚奉公していたその禅匠に店の後をまかせたいと主人に言わせたほどでした。

マチュアリング

公案を型どおり済ませたくらいで禅の修行が終わるものでは決してありません。悟得したといっても、それは知性に片寄ったものであることを免れません。禅の公案修行だけでは世間との現実的な交渉を欠いているからです。禅は現実の生活上ではたらかなければなりません。そのためにどうしても世間と一度接触して、試練を受ける必要があるのです。「釈迦も達磨も修行中」とは、そういう聖胎長養の意味でなければならないでしょう。まさに人生は一生修行であります。

ちなみに、鈴木大拙は「長養」を「マチュアリング(maturing)」と訳しています。「マチュアリング」とは「成熟させる、完成させる、練り上げる」という意味ですが、わたしは「マチュアリング」に「長養」の意味が実によく出ていると思いますが、如何でしょうか。

達道^{たつどう}

第二六話　和尚がいるだけで（良寛）

良寛和尚がある家に泊まられた時、その家は自然と和やかな雰囲気に充たされ、和尚が帰った後も、その雰囲気は数日の間つづいた。和尚は説法したりすることはまったくなく、この他、難しい詩文の話や道徳の話などもされなかった。ある時は台所で火をたいたり、ある時は座敷で坐禅をしておられたが、ただいつもゆったりとしておられた。けれども、家のものは和尚といっしょにいると、胸のうちが清められるような思いがした。

（禅文化研究所編『良寛和尚逸話選』）

こんな話も伝えられています。良寛和尚がある家に招かれ訪ねてみると、夫婦喧嘩の最中で、尋常な騒ぎではありませんでした。そこで、和尚は何もいわず、こそこそと寝てしまわれました。しかし、翌朝になると、夫婦は何事もなかったかのように機嫌もなおり、笑顔で和尚をもてなしました。和尚はこれを見て、「昨夜　窓前　風雨悪《あ》し、根に和して倒推す（根ごと倒してしまった）　海棠《かいどう》の花」の歌を残して帰って行かれました（『同前』）。

無は万能の浄化剤である

世の中には、その人が加わるだけで場の雰囲気がいっぺんにまずくなるような場合がときどきあります。良寛のような例は非常に稀なケースだと思います。良寛の何がそのようにさせたのでしょうか。実は、そのようなものは何もないことが却ってあのような雰囲気を醸し出すのです。こうしてやろう、ああしてやろうと前もって考えていたりしますと、そこに目に見えない埃が立ちます。その埃を周囲の人は敏感に嗅ぎつけるのです。それが嫌な気分にさせます。反対に、無垢無心《むくむしん》の人に出会った場合には、その気配が周囲を支配して、有垢有心の人に浸透し浄化していきます。このようにして、あの家人のような何ものにも囚われない清々しい気持ちになることができるのです。無はまことに万能の浄化剤と言えます。

鈴木大拙の静けさ

岡村美穂子さん（鈴木大拙博士の晩年まで秘書であった方）が鈴木大拙について語っていることを紹介しておきましょう。

先生はいつも静かでした。大自然が静かであるように、先生もとても静かでした。お部屋におられるのに目に入らないことがしばしばありました。（中略）初めてお目にかかったときから、何より強くうたれたことは先生の心地よい静けさであったように思います。どんなお話をうかがうよりも、先生のありのままのお姿から生じる安らかな境地は、苦しんでいる私にとって救いでした。（岡村美穂子・上田閑照『思い出の小箱から』）

無の効能について

河野霧海《こうのむかい》老師（一八六四―一九三五）の場合は、雲水の時代に裏山で夜坐をしていると、野兎がやってきて老師の膝にかけた毛布の上で安眠していたという話を聞いたことがありますが、これは良寛和尚より上を行く話かもしれませんね。

無の効能に関してもう一つ。仏教では衆生済度《しゅじょうさいど》ということを申します。禅宗でも、四弘誓願《しぐせいがん》の第一に「衆生無辺誓願度《しゅじょうむへんせいがんど》（一切の衆生を済度することを誓願する）」と唱えます。この場合でも、衆生を済度するという気持ちがどこかにあると、それが埃となって邪魔となります。ですから本当の衆生済度はちょうど、太陽は照らすとは思っていませんが、それに照らされると暖かいように、無心になって衆生に寄り添うことだ、ということを良寛和尚はわたしたちに教えてくれています。こういうのを菩薩の無功用智《むくゆうち》と（自然にはたらく智恵）いいます。

第二七話　後ろ姿が説法する（玄峰）

大阪朝日編集局長室へいきなりドアを開いて、ガタガタと下駄ばきで飛び込んで来たものがあった。袴を膝までたくしあげて、息をきらしている。見ると、将棋の升田幸三《ますだこうぞう》名人であったが、入って来るなり、こう怒鳴った、「局長、名人は来ておらんか、名人は！　名人に会わせろ！」。狐につままれた面持ちの局長が、「名人！　名人はキミのことやないか……」。升田名人、「いや、オレの言っているのは、ホンマモンの名人のことや」。

（玉置辨吉編著『回想　山本玄峰』）

「ホンマモンの名人」

升田幸三名人が「ホンマモンの名人」と言って探していたのは山本玄峰老師のことでした。その日、名人はある礼拝堂の開所式に参列していたのですが、礼拝のとき一人の老僧がスッと席をたって、スッスッとすべるように祭壇に歩み寄ってゆく後ろ姿を見て、何か胸をつかれるものを感じました。名人が見ると、その後ろ姿には寸分の隙もありません。この人はタダモノではないと、一瞬で悟ったというのです。そこで式後、朝日へ行ったたかも知れんと聞いて駆けつけたというのが、ことの次第というわけです。(『同前』)

見事な現身説法

後ろ姿を見て尋常ならざるものを見てとった升田名人の眼力の確かさはさすがだと思います。名人はまた、「年老いた枯木のような老僧の後ろ姿」から、「生きているということは、これだなと思った」とも語っています。これを禅の言葉に翻訳しますと、「生きながら　死人となりて　なりはてて　思いのままにするわざぞよき」(至道無難《しどうぶなん》禅師)と歌われていますように、真に生きるという

《達道》第二七話　後ろ姿が説法する（玄峰）

ことは死して生きることです。名人は玄峰老師の後ろ姿を見てはじめて、そのことに思い至ったのでした。このことは、老師が無為無言のうちに名人に対して、法を説いて聞かせたということになります。見事な現身説法（生きた身そのものによる説法）だったと言わざるをえません。

達人の所作——無影流

幸いわたしも何度か達道の人に出会う機会に恵まれました。そういう人たちに関するわたしの印象を申し上げれば、共にいてもその気配を感じさせない、あるいは少しもその影が見えないと言ったらいいのでしょうか（あるいは、「邪魔にならない」「埃がたたない」とも）。

具体的に話してみますと、ある老師と会食することがありました。会食の場ですから、談笑しながらの食事となります。普通ですと、話が弾みますと食事の手が遅くなります。それでも料理は次々に運ばれてきます。ぐずぐずしていますと、その人の御膳の前だけ所せましと料理が並べられてしまいます。食事をいただく作法としてはあまり褒められたことではないでしょう。ところが、わたしがご一緒した老師はわたしたちの会話に普通に加わっておられるのですが、そして特別急いで食べておられるふうでもないのですが、食べているという影をわれわれに全然見せることなく、知らぬ間に一皿一皿きれいに食べ終わっておられたのです。生活していて生活の臭いを感じさせないことはなかなかできるものではありません。

また、もう一つ驚いたことがあります。その老師が向こうからやって来られるのが、最初わたしの視野に入っていました。ところがちょっと余所見をしている間に、わたしの背後をスッと通り抜けて行かれたのでしょう。気づいたときには老師の影はあたりには見当たりませんでした。一瞬、狐につままれたような気がしました。

達道の人はこのように自分の影を見せません。これは禅でいう「死人」であるからです。

日本の芸道の用語風に言えば、禅の達人は無影流に所属すると言えましょう。

第二八話　世法を嫌うな（白隠）

白隠の弟子に阿察《おさつ》という女がいた。阿察が白隠のもとで仏道をきわめ終わっていた頃、父親は阿察のために婿《むこ》を世話しようとした。ところが、阿察は父親がどのように説得しても、縁談に応じようとしなかった。それを知った白隠は阿察を呼んで丁寧に諭した。「お前はすでに仏法を見得し終わったというのに、どうして世法を嫌うのじゃ。婚姻は男女の大義じゃ。父上のいうことに従いなされ」。阿察は白隠のこの説得を受け入れて、ついに結婚したのである。

（能仁晃道編『白隠門下逸話選』）

仏法と世法

仏法は言葉の上では、確かに世法（世間の習わし）と区別することができます。しかし出世間である仏法の世界においては、仏法（無の法）は世法と相即し、世法もまた仏法に即しているのです（つまり、無心に世法を行じてゆくことが、そのまま仏法を行じていることになるのです）。この点で、世間がただ世法だけの世界にとどまっているのとは大いに異なっています。ですから、真の仏法は世法を嫌うということはないのです（「嫌う底の法勿《な》し」〈『臨済録』〉）。世間で行なわれていることが、たとえ仏法の立場から見ておかしいことであっても、世間がそうする習わしであるのならば、それに合わせてゆく自在性が仏法にはあります。長岡禅塾の隣りに長岡天満宮があります。お正月には大勢の参拝客でにぎわいますが、そんなときわたしなども時には天満宮に参ってお賽銭をあげたりもします。

戦争に関して

禅に生きる人であっても、その生きる場は現実的世界（世間）であり、そこを離れて生きることはできません。そうした現実の世界において、ただ仏法の第一義だけを振りまわして生きようとしてみたところで、それは現実から浮いた非現実的な話になってしまいます。そこで禅は、世間に従って生きながら、しかも世間べったりでない、世間から離れた生き方をします。それが右で述べた仏法即世法、世法即仏法、という行き方です。つぎに具体例を挙げてみます。

第二次大戦中のことです。山本玄峰老師に侍者さんが尋ねました。「もし負ける戦争ならば、何とか早く止める方法はありませんか」。老師いわく、「時世には流れと、勢いというものがある。これに逆らってみたところで、どうにもならん。人が東に走るときには、ともに東に走り、西に向かうときには、ともに西に向かわねばならんが、泥棒と巡査のようなもので、同じ方向に走っていても、心掛けはそれぞれ違っていなければならん」と（玉置辨吉編著『回想山本玄峰』）。

中には仏教者の戦争責任を問題にして、もっともらしい議論をする人もいますが、その人たちと比べると、玄峰老師の言葉は消極的に聞こえるようで、決してそうではないと思います。これこそ仏教徒として真に大地に足をつけた生き方ではないでしょうか。「泥棒と巡査」の例が挙がっていますが、そこのところによくよく注意して十分味わってみてほしいものです。

第二九話　君子は財を愛す、これを取るに道をもってす（月僊）

伊勢に月僊《げっせん》という和尚がいた。絵の名人であったが、人から絵を頼まれると、まず第一に、「画料はいくらお出しなさるか」とたずね、額が意にそわなかったら筆をとろうとしなかった。そんなことで、その和尚はいつしか乞食月僊とあだ名されるようになった。

（禅文化研究所編『禅門逸話選』下）

坊主ぎらい

いつかテレビで作家の司馬遼太郎さんが、自分は禅宗が嫌いだ、と言っているのを聞いたことがあります。司馬さんは若いころ、産経新聞社の京都支社に勤務していたことがあり、その関係で京都にある方々の寺に取材に出かけられていたそうです。これはわたしの想像にすぎませんが、司馬さんの禅宗嫌いにはその当時に嗅ぎとったある種の胡散臭さが影響しているのではないかと思います。その胡散臭さの正体は何かと言いますと、偽善です。卑近なものに、みなさんもご存じの布施の問題があります。すべてを捨てたはずの僧ですのに、お布施の額にはかなりうるさいところがあるようです（これは禅宗に限ったことではありませんが）。そこから坊主憎けりゃ袈裟まで憎しで、禅宗嫌い、そして宗教離れが生まれてくるのです。

最近も井上章一さんが『京都ぎらい』という本の中で、京都の坊さんが祇園で遊興する姿を描いています。この種の話は今に始まったことではなく、割合昔からよく耳にします。坊主が布施としてべらぼうな額の金を要求し、そしてその金を使って自分たちが豪遊する、もしこういうことだとすれば、在家の人たちが腹をたてるのも道理と言わざるをえません。けれども、こういうのを指して「君子は財を愛す」というのではありません。その真の意味はつぎの如くです。

無愛の愛

月僊《げっせん》（一七四一―一八〇九）は京都では円山応挙《まるやまおうきょ》（一七三三―一七九五）に従った浄土宗の画僧でした。月僊の話は一見、右に挙げたような低俗な話のようにも見えますが、実はそうではありません。月僊が画料にうるさかったのは、そのようにしてお金を貯め、それを貧しい人たちの救済、道路の改修、堂宇の修繕などに是非使いたかったからです。要は財の集め方、使い方にあります。すべからく無心で事に当たらなければなりません。

世の中には一代で巨大の財をなし、それをすべて私有するのではなく、多くを公共のために投じた立派な人たちもいます。わが長岡禅塾の開基である岩井勝次郎（岩井商店創業者）もそのひとりでした。

金銭という世財を法財に変え得たそういう人たちは、その点で正に「君子」と言うことができます。君子たるものは財などに愛着しないものだ、というのが世間一般の考え方だと思いますが、それは道徳的で消極的な考え方です。

そういうわたしもかつては「君子は財を愛す」という言葉だけを聞いて怪訝《けげん》に思いました。「君子は財を愛さない」が本当ではないかと。けれども、禅に対する眼が開けてくるに従って漸く合点がゆくようになりました。ここで言う愛は愛欲の意味ではありません。むしろそういう愛をいったん否定した「無愛の愛」とも言うべき清浄な愛なのです。所有欲とか我欲から離れた愛です。君子はそういう愛の実践者なのです。「これを取るに道をもってす」とはそういうことなのです。真の君子とは、古代中国の堯や舜に代表されるような無為《むい》の道人のことでもあります。『論語』に「無為にして治まる者は其れ舜なるか（何もしないでいてうまく治められた人はまあ舜だろうね―金谷治訳）」と書かれています。

第三〇話　くさい話はするな（良寛）

学者くさき話、風雅くさき話、悟りくさき話、茶人くさき話。

（大愚良寛『良寛全集』）

くさい話

良寛さんに「戒語集」なるものがあります。それが数種類も残されています。多いものには九十もの戒語が載せられていて、日常生活に関する良寛さんの細やかな観察ぶりが窺われます。わたしはここでは「くさい話」を採り上げてみます。その言葉には「くさい話はするな」という自戒の気持ちが込められています。

くさい話とは、その筋の人が自分の専門のことに関してべらべらと自慢げにする話のことです。ちょうど、香りのよい香水でもかけすぎますと周りの人にかえって嫌がられるのと同じです。一般に人は自分の臭いには鈍感なものですが、話がくさくなってきている場合でも、当人はなかなかそのことに気づきにくいものです。もう一点、臭いに関して言いますと、臭いにもそれに対して感覚の鋭い人とそうでない人がいます。良寛さんは感覚の鋭い人でもあったことがわかります。またくさい話の中でもとくに「学者くさき話、風雅くさき話、悟りくさき話、茶人くさき話」を挙げていることから、良寛さんが精神世界のどの方面に臭覚を研ぎ澄ませていたかということも推測できます。

悟りくさい話

禅に関しては「悟りくさき話」が挙げられています。どういう話が悟りくさい話になるかと言いますと、禅の世界で通常よく使われる言葉とか言い回し、いわゆる禅の常套語が頻発される場合などに、話がくさくなります。悟りに何か特別決まった事柄があるわけではありません。禅における悟りとは、空（あるいは絶対無）の体験だからです。「おはようございます」「こんにちは」、あるいはカラスの「カア」、スズメの「チュン」も悟りの言葉になるのです。そういうわけですから、聞く人が聞けば、悟りに直接関係する言葉を使った話を聞かされれば、反吐《へど》が出るほど嫌味が多く、耳をおおいたくなります。

　禅に通達した人から見れば、語録中の禅問答の中身は、言ってみれば、みなくさい話ばかりです。禅問答は多

くの場合、まだ十分悟りの開けていない修行中の僧が師匠格の僧（老師）と問答する形を採っています。僧の方は未悟ですから、自分の言っていることについて全然わかっていません。ですから、いっこうに臭味を感じることができませんが、悟った老師からしますと、実はそれは悪臭ふんぷんたるものなのです。例を挙げてみましょう。

くさい言句の例

雲巌曇晟《うんがんどんじょう》禅師（七八二―八四一）という和尚は、後に曹洞宗の開祖のひとりである洞山良价《とうざんりょうかい》禅師（八〇七―八六九）を打ち出した偉い方ですが、若い頃は随分と長い間、各地を行脚し苦労されました。結局、最後は前に一度参じた薬《やく》山惟儼《さんいげん》禅師（七四五―八二八）のところに再び戻り、そこで仕上げて薬山の法を嗣ぎました。つぎの話は雲巌が薬山に最初に参じた時のものです。

薬山曰く、「目前の生死《しょうじ》をどうするかね」。

雲巌曰く、「目前に生死などございません」。

薬山曰く、「お前さん、百丈《ひゃくじょう》和尚のところにどれくらい居ったのか」。

雲巌曰く、「二十年です」。
薬山曰く、「二十年も百丈のところに居って、まだそんなくさいことを言っとるのか」。

（『碧巌録』第七十二則）

「目前に生死なし」という薬山の答えは決して間違っていません。しかし、まだ修行したての雲水ならともかく、二十年も修行したものなら、そういう紋切り型のくさいところを透りぬけた見解がほしいものです。

臭気を払う

もう少しレベルアップした話を採り上げてみることにします。
雲門文偃《うんもんぶんえん》禅師のところへ一人の僧がやってきて、「清浄法身《しょうじょうほっしん》とはどのようなものでしょうか」と尋ねました。そうしますと、雲門は「花薬欄《かやくらん》」と返答しました（『碧巌録』第三十九則）。僧が問うた清浄法身と言いますのは毘盧遮那仏《びるしゃなぶつ》のことで、簡略に言いますと、宇宙を遍照する清浄無垢な仏のことです。仏教では、しかし真仏を自己の内に考えますから、それは結局われわれに本来具《そな》わっている仏性《ぶっしょう》のことだということになります。「花薬欄」の意味に関しては専門家の間で議論がありますが、禅家では伝統的に「便所を取り囲んだ生垣」のことだと解してきています。

さてそうしますと、一見、雲門のその答えは僧の問いに対して平仄《ひょうそく》が合っていないように見えます。ここで、くさい話のことを思い出してください。雲門が「花薬欄」と答えたのは、僧の問いに何かくさいものを直覚的に感じ取ったからでしょう。雲門の宗風は天子のごとく気高いものだと言われます。そういう崇高な精神にとって、僧の問いはひどく陳腐な臭いのするものであったに違いありません。そこであのような答えが出たのでしょう。

照顧脚下《しょうこきゃっか》！　そういうわたし自身大変くさい話をしているかもしれませんね。

心地《しんち》

第三一話　心を持ち来たれ（達磨）

少林寺で達磨《だるま》が壁に向かって坐禅しているところへ、弟子の慧可《えか》が雪のなかに立ち、腕を切って達磨に差し出しながら言った、「わたしはまだ心が安らかではありません。どうか心を安らかにしてください」。達磨いわく、「それじゃ、その心を持ってこい。安んじて進ぜよう」。時を経て、慧可が言った、「心を探し求めつづけましたが、とうとう見つけることができませんでした」。すると、達磨が言うに、「これで、お前さんを安心《あんじん》させることができたわい」。

（『無門関』第四十一則）

心とは

慧可とは達磨の法を嗣《つ》いだ二祖慧可大師（四八七―五九三）のことで、この話は「二祖断臂《にそだんぴ》」としてよく画の題材にも用いられていますので、ご存じの方も多いことと思います。言うまでもなく、慧可が「腕を断ち切って」まで法を求めたのは、自らの求道心《ぐどうしん》の真摯《しんし》さを示すためでした。

さて、右の達磨の説法は、慧可が無意識のうちに心なるものが有ると考えていた、そこに問題があったということを教えてくれます。われわれも普通、心が有ると考えています。けれども考えられた心は本当の心ではありません。そうではなく、考えている「はたらき」そのものが、本当の心と言うべきものなのです。この「心」は時々刻々、無制約的に自由自在にはたらいています。臨済禅師はそこのところを「常に汝等《なんじら》諸人の面前より出入す（常に君たちの顔から出たり入ったりしている）」（『臨済録』）と言っています。まさに無心です。禅で「心」という言葉を使うときには（例えば、「平常心《びょうじょうしん》」「即心即仏《そくしんそくぶつ》」）、この無なる心、無心を意味しています。いわゆる心なるものが、慧可の例において見られたように迷いの所産であることを、古人はつぎのような歌で示しています。

心こそ　心迷わす　心なれ　心に心　心許すな

北条時宗の不安

これに似た話が日本にも伝わっています。鎌倉時代、時の将軍北条時宗は元の大軍が日本に攻めてくるというので不安で仕方ありませんでした。ちょうどその頃、中国から無学祖元《むがくそげん》禅師という偉い禅僧が招かれて日本に来ていました（第八話参照）。そこで時宗が祖元禅師に自分の不安な気持ちについて相談してみますと、祖元禅師は「心が不安というのなら、そいつを出してみよ」と言いました。しかし、その時の時宗にそれの出せるはずはありません。それを見た祖元禅師は「そんなことではダメだ」と言って、坐禅を勧めました。その甲斐があって時宗は会得するところがあって、元の使者を鎌倉の滝の口で一刀のもとに切り捨ててしまいました。無心になっていたその時の時宗には、恐れの気持もなければ、斬ったという心すらありませんでした。時宗はそのようにして、「心」を出してみせることができたのでした。

禅と心理学

近年、社会が複雑かつ多様化してきたことと相まって、いわゆる心の病なるものが拡がり、そのため「心」について研究する各種の心理学が人々の注目を集めるようになってきています。しかし、科学としての心理学は心の有を前提とし、それを法則的に考えようとします。これに対して、禅は「心」を本来無で自由なもの、従って法則を超えた「はたらき」と見ます。この点が大いに異なりますので留意してほしいと思います。

第三二話　餅はどの心で食べるのか（徳山）

徳山《とくさん》が中国の南方を行脚していた折り、途中の道端でひとりの老婆が揚げ餅を売っていた。それを見た徳山は背負っていた書籍を下ろし、それを買って食べようとした。すると、老婆は、「あなたの背負っていたものは何か」と尋ねた。徳山いわく、『金剛経』の注釈書だ」。老婆、「わたしに一つ質問があります。もし貴殿がその質問に答えることができたら、餅を布施させてもらいましょう。もし答えることができなければ、別の店で餅を買ってもらいたい。そんな人にこの餅をお売りするわけにはいきません」。徳山、「何なりと質問してみよ」。老婆、「『金剛経』には、こう言っている、過去の心はつかむことができない、現在の心もつかむことができない、未来の心もつかむことができない（過去心不可得、現在心不可得、未来心不可得）と。では、お坊さんは一体どの心で餅を食べようとなさるのですか」。徳山はこの質問に答えることができなかった。

（『五灯会元』巻七）

『金剛経』の学僧徳山

これは、修行僧を指導するためにしばしば棒を使い、そのため「棒の徳山」として知られている、あの徳山宣鑑《とくさんせんかん》禅師（七八〇―八六五）の若きころの話です。この話にはつぎのような前段があります。徳山はもと蜀（現在の四川省）の国の学僧で、とくに『金剛般若経』の講述に優

れ、人々から周金剛《しゅうこんごう》（周は徳山の名字）とあだ名されるほどでした。そのお経では、「五十二の修行の段階を経て、しかも仏の威儀や細行を長期間にわたって学んで初めて仏になることができる」と教えています。徳山は当然その信奉者でした。ところが、当時、南方に禅宗の旗印を掲げた新しい宗教運動が起こり、そこでは、とりたてて修行などする必要はないと言わんばかりに、「心がそのまま仏である（即心是仏）」と説かれていました（この新しい宗教運動が今日の禅宗の濫觴《らんしょう》になります）。このことを知った徳山は「けしからんことだ、ひとつ論破して、こらしめてやらにゃならん」とばかり、学僧らしく『金剛経』の参考書を一杯背負い、勇んで南方に向けて行脚の旅に出たのでした。この話は、そのようにして徳山が漸く南方の地に足を踏み入れた当初の物語です。

三心不可得

『金剛経』の教える通り、われわれは確かに過去心も現在心も未来心も捉えることができません。過去の心はすでに過ぎ去ってしまっていて捉えることはできませんし、現在の心は捉えたと思った瞬間に過ぎ去ってしまっていますし、未来の心はまだ来ていませんからこれも捉えることができないからです。では、このように過去現在未来の三心が不可得であるということは、どういうことなのでしょうか。それは、達磨が慧可に悟らせたように、われわれが普通有ると思っている心は実は無いのです。無い心が本当の（有る）心なのです。もし普通考えられているように有るのであれば、それは捉えることができるものでなければなりません。

老婆にご用心

そこであの老婆の問いが問題となります。「では一体、どの心で食べるのか」。答えは「無い心（無心）でパクパク食べる」。悟りの眼が開けた徳山なら、ただ、「むしゃ、むしゃ、むしゃ、むしゃ」とでも答えたことでしょう。それにしても、禅の話に出てくる老婆は第一九話「庵を焼く」の話でもそうでしたが、なかなか油断がなりませんね（ちなみに、老婆の「老」は単に年老いているという意味だけでなく、「練れた」という熟達の意味も含んでいます）。それに引き替え、頭だけで学んだ知識、総じて学問のなんと脆弱なことでしょう。禅はそういう頭でっかちの輩を真実に目覚めさせるために撃退してやみません。

パウロの場合

ついでに申しておきますと、徳山が新しく興った禅宗をやっつけようとしたことは、特別変わったことではありません。世界の宗教史を繙《ひもと》けば、既成の宗教勢力が新興の宗教に反対して、いろいろ圧力を加えるということはどの国においても見られます。徳山の南方行脚もそういう現象の一種と見ることができます。実際、後にキリスト教を地中海地方に布教し、そのことで大変功績のあったパウロも、最初はユダヤ教徒として、当時まだ新興の宗教にすぎなかったキリスト教の噂を聞きつけ、エルサレムからダマスコ（ダマスカス）へキリスト教迫害の旅に出かけたりしたこともありました。結局、その途中でキリストに改心することになるのですが。

第三三話　庭の石は心の内にあるのか外にあるのか（法眼）

法眼《ほうげん》が行脚していた折り、雪に降られて地蔵院というところに滞留していた。雪が止んで地蔵院を出ようとしたとき、地蔵が門まで送ってきて、「普通、『三界唯心《さんがいゆいしん》』と説かれている」と言って、庭の石の片割れを指さして質問した、「この石は心の内にあるのか、心の外にあるのか」。法眼いわく、「心の内にある」。地蔵が言う、「行脚の人よ、どういうわけで重い石などを心に入れて旅をなさるのか」。法眼は窮して返答ができなかった。

（『五家正宗賛』巻四）

三界唯心

三界唯心とは、われわれの生死する世界（三界）は心の所産にすぎず、あるのは心（意識）だけだとする考え方で唯識説《ゆいしきせつ》と言われています。この唯識説をめぐっては古来いろいろの煩雑な議論がありますが、ここでは禅の立場から、その意味を考えておきたいと思います。

禅宗は仏心宗とも言われますように、禅の心は仏の心、すなわち、これまでも述べてきましたように無の心です。無の心から万物が生起します（万法唯心）。唯識論の三界唯心は、禅の立場ではそのように理解できます。しかし、無の心から生起した万物は、そうい

うものとして本来無の性質をもっています。何なら有と言ってもいいのですが、ただその場合、その有は無と相即した有（有即無の有）であって、ただの有ではありません。

ここで、地蔵（地蔵院桂琛《じぞういんけいしん》、八六七—九二八）の問いについて考えてみましょう。「石は心の内にあるのか、外にあるのか」。まず、無の心に内外の区別はありません。だからその問いはもともとナンセンスで、法眼文益《ほうげんもんえき》を試すために仕掛けられた、罠だったのです。仏教の哲理には精通していても、まだ体験的事実による裏付けがなく、それゆえに生噛《なまかじ》りの知恵に止まっていた法眼は、それにまんまと引っかかったというわけです。地蔵の言葉に返事のできなかった法眼の内心はさぞかし慚愧《ざんき》の念で充ち満ちていたことでしょう。法眼の話は第一話にも出てきましたが、ここでの話は法眼がまだ悟りを開く以前のものです。

法眼の投機偈

そのとき以来、法眼は地蔵のもとで精魂を尽くして参究をつづけます。そして、見解《けんげ》を呈して（自分の見方を師匠に示すこと）道理を説きますが、そのつど地蔵に「仏法はそのような知解分別《ちげふんべつ》（知性によって理解したり分別したりすること）ではない」と追い返されます。とうとう思いあまって法眼は地蔵に「わたしにはもう言うべき言葉もなければ、呈すべき道理もございません」と絶望の言葉を発しました。すると、地蔵は「もし仏法を示すならば、一切は現成《げんじょう》しておる（仏法はほかでもない、現実そのままがその現われである）」といいました。これを聞いて、法眼はすとんと腹に落ちるものを感得したのでしょう。投機《とうき》の偈につぎのように詠っています。

理極《きわ》まりて情謂《い》を忘ず　如何《いかん》が喩斉《ゆさい》あらん
到頭霜夜《とうとうそうや》の月　任運《にんぬん》前渓に落つ
菓《か》熟して猿と兼《とも》に重く　山長うして路迷うに似たり
頭《こうべ》挙ぐれば残照在り　元是《もとこ》れ住居の西
（『碧巌録』第三十四則）

一行目は「言うべき言葉も、呈すべき道理もなくなった」ところ、二行目と三行目は「いたるところに仏法の現成している」例を詠い、そして最後の行で「悟ってみれば何にも変わったことはない、元のままだ」ということを言っています。

こうして法眼は地蔵の法を嗣《つ》ぎ、後に禅宗五家の一つである法眼宗の祖となります。その宗旨は「夜警が泥棒をする（巡人犯夜《じゅんにんはんや》）」といわれるほど、鋭く油断のならないものでした。しかし、その背後には、すでに見ましたように、知を尽くし情を尽くして、偽我《ぎが》（我が有ると思っているのは偽りなのでこう言う）を殺し尽くそうとした血滴々たる（必死の様を形容する語）法眼の姿がありました。言うまでもありませんが、だれでも初めから名僧であったわけではありません。臨済義玄禅師（臨済宗宗祖）ですら、最初はその師となる黄檗希運禅師に三度問うて三度とも問題にされず、打たれて追い返されています。わたしたちは深くこのことに思いをいたさなければなりません。

第三四話　大なるかな心や（栄西）

大なるかな心や。天の高き、極むべからず。而《しか》るに心は天の上に出ず。地の厚き、測るべからず。而るに心は地の下に出ず。

（明庵栄西『興禅護国論』序）

「心は実に大きい。天の高さは果てしないけれども、心は天の高さを超え出る。地の深さは計り知れないけれども、心は地の深さを超え出る」。ここで明庵栄《みんなんよう》西《さい》禅師（一一四一―一二一五）の言う「心」が、われわれの身体内に考えられるような心の意味でないことは、もうおわかりだと思います。栄西禅師がここで言っている心は、無（限）の心、比較を絶した心、従ってそれ以上に大なるもののない心のことです。鈴木大拙はこれを「宇宙的無意識」と言ったりしています。

心は伸縮自在

この心は、しかし、栄西禅師はここでは触れていませんが、臨済義玄禅師が「拡げれば宇宙いっぱいに行きわたり、収めれば髪の毛一本すら立てる隙間がない（展《の》ぶるときは法界《ほっかい》に弥綸《みりん》し、収むるときは糸髪《しはつ》も立たず）」（『臨済録』）と言っていますように、小さいと言えば、また「実に小さい」。このように、どんな大きいものであっても、わたしたちの「無（限）」の心より大きいものはありませんし、どのように小さいものであってもわたしたちの「無（限）」の心より小さなものはありません。

わたしたちの心は無限大にも無限小にも伸縮自在なのです。別の言い方をすれば、わたしたちの心に大小の区別はありません。ですから、平気で、「一粒の粟中《ぞくちゅう》に世界を蔵する（一粒粟中蔵世界）」と言ったりします。それはわたしたちの本来の心が「無（限）」の心だからです。けれども実際には、自分で自分の「心」を縛って自由さを失っています。一つ例を挙げてみましょう。

一本指を立てる

半頭大雅《はんとうたいが》老師は提唱のときに、しばしば指を一本立てて、これより大きいものはないし、またこれより小さいものもない、と言われます（これは『無門関』第三則に出てくる「倶胝竪指《ぐていけんし》」の話頭を参考にされたものです）。これを聞いて、ほとんどの聴講者は何のことかさっぱりわからず、ただ唖然とするばかりです。なぜかと言えば、そのときに聴講者は老師の指を対象として見ているからです。対象的に見られた指は小さな指にすぎませんから、それが最大のものであると言われても納得がいきません。

老師が指を立てられるときは「無心」です。ですから、そのとき実は見られるべき指もなければ、指を立てたということもありません。ただ指に成り切り、指

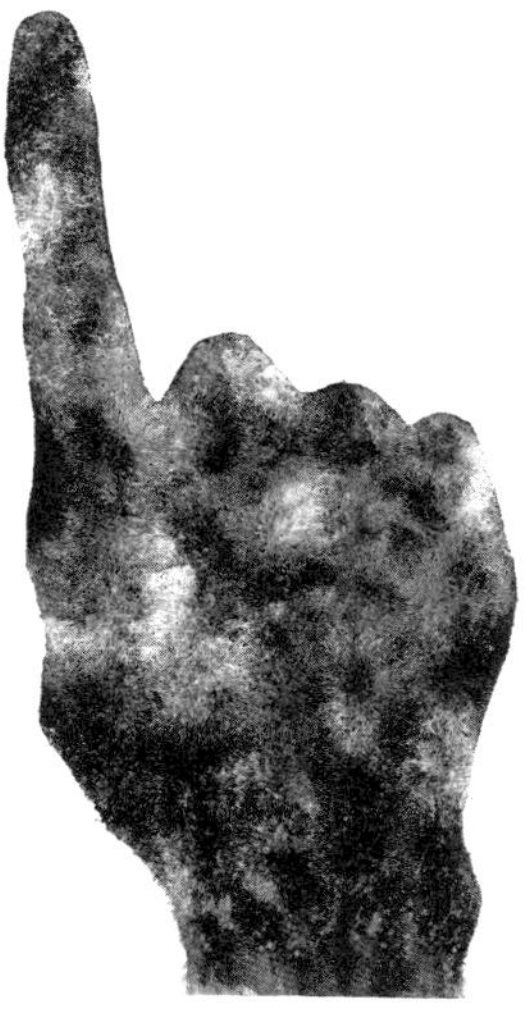

と一如に天地いっぱいに拡がる無限大にして無限小の「心」のみ。実際を説明すればそういうことなのですが、われわれの心は事物を対象的に見るという小さな枠に縛られて「無心」になれません。禅の世界を覗き見るためには、是非ともその枠をぶち破って、栄西禅師の言われるような、われわれにもともと具わっている「心」に立ち還る必要があります。

第三五話　心病退治（盤珪）

ある時、ひとりの居士が訪ねてきて質問した。「わたしには豊富な智慧があるのですが、自由に使うことができません、どうすれば自由に使えるようになるでしょうか」。すると盤珪《ばんけい》いわく、「もっと近くへ」。そこで居士が前に進み出ると、盤珪の言うに、「実に立派に使い得ているではないか」。

（『盤珪禅師語録』岩波文庫）

意識という病

臨済義玄禅師は『臨済録』の中で、「お前さんたちの今のはたらきに何が欠けていて、どこを補修せねばならぬと言うのか（你《なんじ》が今の用処《ゆうじょ》、什麼物《なにもの》をか欠少し、何《いずれ》の処をか修補せん）」と教えています。それにもかかわらず、「人生百に満たず、常に千載《せんざい》の憂《うれ》いを懐《いだ》く」（『寒山詩』）という言葉もありますように、人生は一難去ってまた一難で、心配事の絶えることがありません。その元凶はわたしたちの「心意識」にあります。意識とはある事柄を意識することですが、そこには意識と意識される対象が分裂した構造が見られます。この分裂構造の狭間に「あれか」「これか」といった考え

が浮上し、迷いや悩み、そして苦しみの原因となります。これを「意識という病」と言います。仏教の方でも、このことは古くから注意されてきていて、「念々《ねんねん》相続《そうぞく》（思いが続くこと）する、これを心病となす」とか「念の起こるは、これ病なり（思いの起こることは心の病気である）」とか言われてきています（「念」とは、意識される「思い」や「観念」のことで、仏教的には妄想ということになります）。ですので、盤珪永琢《ばんけいようたく》禅師（一六二二―一六九三）のところにやってきた居士は「智慧を自由に使うことができない」という心病を患っていたことになります。それを盤珪さんはものの見事に治してみせました。

玄沙三種病人

これとよく似た別の話をいたしましょう。今、一人の理屈屋さん――自分では気づいていないのですが、実は心病を患っている患者さん――がいて、名前を雲門文偃《うんもんぶんえん》禅師という名医のところにやって来ました。そしてつぎのように質問しました。「老師さんたちはみな衆生を済度するとおっしゃっています。けれども、たとえば耳の不自由な人をどのようにお救いになられますか。耳の聞こえない人には百日の説法も徒労ではありませんか」。そこで、雲門はその患者に向かって「もう少し前へ」と促しました。患者は言われるままに前に進みました。それを見て、ドクター雲門は「お前さんの耳は大丈夫じゃ」と言って、患者の心病を治療しました。盤珪の話と似たところのあるこのわたしの話は、実は『碧巌録』第八十八則に出ている「玄沙三種病人《げんしゃさんしゅのびょうにん》」という話を下敷きにしたものです。

心病の根本治療法

心病の原因については先ほど申しました。心（意識）が対象と分かれた状態にあることがその原因でした。ですから、その治療方法は心が対象と一つになるようにすることです。盤珪と雲門はそのことを知っていましたので、見事に患者をその病から救うことができたのでした。

仏教では心病から逃れる方法として、例えば、「念起こらば即ち覚せよ（妄想していることに気づいたら、それを断ち切れ）」（『坐禅儀』）とか、「起こる念に少しも貪着せずして、起こるまま、止むままに被成《なされ》候わば、自然に本心に叶い中候（起こってくる思いを気にすることなく、起こるまま止むままに放っておけばよろしい。それが心の自然にかなったことなのだ）」（『盤珪禅師語録』岩波文庫本）と教えています。しかし、これらの方法は言ってみれば対症療法であって、根本治癒の方法ではないでしょう。それでは根本治癒法とはなんでしょうか。それはやはり禅定（あるいは三昧）に入る行を継続して修し、大死（死にきること）を経験するほかないようです。

下《げ》坐《ざ》

第三六話　お前さんはまさに泥棒じゃ（紫胡）

夜半、紫胡《しこ》が「泥棒だ、泥棒だ」と大声を出したので、雲水たちがみな走ってやってきた。そこで紫胡は暗闇の中でひとりの僧を捕まえ、胸ぐらをつかんで「つかまえたぞ、つかまえたぞ」と叫んだ。するど、その僧は「わたしでございます。泥棒ではございません」と言ったが、紫胡は構わず、「お前さんはまさに泥棒じゃ。ただお前さんがそれを認めないだけのことじゃ」。

（『祖堂集』巻十八）

「わたし」という妄想

紫胡利蹤《しこりしょう》禅師（八〇〇―八八〇）はなぜ泥棒でもない僧を「お前は正真正銘

の泥棒だ」と言い張ったのでしょうか。ここが問題です。

ポイントは、僧が「わたしでございます」と言ったところにあります。本来、「わたし」は無で、「わたし」と言われるものは存在しません。禅修行の目的は、そのこと、すなわち無我の体得にあります。その僧も日夜そのために修行していたはずです。ところがうっかり「わたし」などと言ってしまったものですから、化けの皮が剥がれてしまいました。そういうことで、紫胡は僧の弁明にもかかわらず「お前は泥棒だ」と断罪したのでした。しかし、一体何を僧が盗んだというのでしょうか。それは「わたし」です。実はそれは虚妄なのですが、僧は知らぬ間に「わたし」なるものを懐に忍ばせていたのでした。紫胡はそこのところを鋭く突いたわけです。

私欲――苦しみの根源

通常、わたしたちは自らの行為の根底に「わたし」なるものを鎮座させています。例えば、「見る」という行為では「わたし」が見るのですし、「思う」という行為では「わたし」が思うというふうにです。このように「わたし」なるものが意識的にせよ無意識的にせよ一切の行為の主となっているのです。けれども考えてみますと、「わたし」なるものは決して生まれながらに具わっていたものではなく、生まれてから後にわたしたちが勝手に意識し出したものなのです。なぜならわたしたちがこの世に生まれ出た当初、「わたし」という自我の意識はなかったはずだからです。赤子は生命のうながすまま、何事も「わたし」なくただ無邪気に振る舞うだけです。ところが、生まれて間もなく「わたし」なるものが形成され、次第に肥大していきます。その結果、「わたし」なるものの存在は厳然たる事実であると妄想するにいたるのです。

　困ったことは、この肥大化した「わたし」なるものが欲望の主体として私欲を主張しはじめることです。仏教でいう四苦（生苦《しょうく》・老苦《ろうく》・病苦《びょうく》・死苦《しく》）、八苦（四苦と、愛別離苦《あいべつりく》・怨憎会苦《おんぞうえく》・求不得苦《ぐふとっく》・五陰盛苦《ごおんじょうく》）は、よく考えてみると、結局みな私欲に起因することがわかります。しかし、「わたし」は妄想されたものでしたから、妄想されたものに起因する苦悩もまた妄想であることがわかります。妄想がわたしたちを苦しめるのです。ですから、一切の苦しみから解放されるためには、その根源である「わたし」なるものが虚妄であることに目覚めて、本来の無私の世界に還って生活する必要があるわけです。仏教の修行はすべてそのためのものなんですね。

「猛犬にご注意」

話の主人公である紫胡禅師は、趙州従諗《じょうしゅうじゅうしん》禅師のお師匠さんとしても知られている南泉普願《なんせんふがん》禅師（七四八―八三四）の法を嗣いだ人です。右の話頭の他に、つぎのような面白い話も伝わっています。

紫胡はある時、弟子たちに向かって言いました。「わしのところに一匹の犬が居る。上は人の頭をとり、中は人の腰をとり、下は人の脚をとる。擬議《ぎぎ》せば喪身失命《そうしんしつみょう》せん（お前さんの身体のどこにでもガブリと咬みつきますゾ）」。家の入口に「猛犬にご注意」という札を見かけることがありますが、あれと同じですね。「油断すると咬み殺されますよ」と言うのです。紫胡に捕えられて端なくも「わたしでございます」と叫んだ僧は、見事に紫胡という名の猛犬に咬み殺されてしまったというわけです。

《下坐》第三七話　嫉妬がましい顔などなさるでないぞ（玄峰）

第三七話　嫉妬がましい顔などなさるでないぞ（玄峰）

玄峰《げんぽう》老師に参禅していたある婦人が相談した。「主人に女性ができまして、なんのかんのと言っては、その女性のいる名古屋に出かけて行って困ります」。老師曰く、「お妾さんのところへ出かけると見たら、履き物を揃えて、いってらっしゃいませ、と丁寧に挨拶をして機嫌よく出しておやり。仮にも嫉妬がましい顔などなさるでないぞ」と、諭された。婦人がこれを実行したところ、はたしてその主人に反省の兆しが見られたという。

（高木蒼梧『玄峰老師』）

これはなかなかできないことだと思います。山本玄峰老師の腹のできたところは言うに及びませんが、参禅の師の言葉を忠実に実行された婦人もまた偉い方だったと思います。師について修行するとはどういうことか、ここにそのよい例が示されています。

下座行

禅の言葉に下座行というものがあります。自分中心になりがちなわれわれの自己を、どこまでも低くしてゆく行を言います。今の場合、玄峰老師は婦人に対して下座行を命じられたということになるでしょう。しかしそうした下座行は老師自らが実践されていたことでした。このことに関して有名な話がありますす。

老師はかつて白隠禅師ゆかりの沼津松蔭寺に住職されたことがありましたが、そこに来られた当初は大変な荒れ寺でした。そこで復興にあたられたわけですが、最初にされたことは、自分より先にそこに住みついているネズミたちに、供養された米を与えることでした。そのせいであったのでしょう、大地震があった時にはその家のネズミが玄峰老師の耳をかじって起こしたそうです。

玄峰老師の言葉を聞いてみましょう。

わしは此処（松蔭寺）へ来た時、鼠に「お前達は先祖代々ここにおるのじゃから、われわれはあとから来た新参であと入りじゃが、どうか万事よろしく頼むぞえ」というて、鼠に頭を下げた。ただ頭下げるだけじゃない。今でも毎晩少しずつでも米なんかやって仲よう暮しておる。それじゃから、そこらを囓りもしないし、穴をあけたりもしやしない。みな護法善神じゃ。猫でも鼠でも犬でも猿でも鳥でも、みなわれわれを救うてくれる、こっちの心得方ひとつじゃ。（『同前』）

下座行の功用

最近、犬や猫を飼うことが流行っています。スーパーなどでもペット専用の品物を揃えた特設コーナーが用意されています。そこには食用にわたしたちが食べるのよりも高価な缶詰なども陳列されています。犬猫がとても大切にされていることを窺わせます。けれども、いくら人間が犬猫を可愛がっているように見えても、これを下座行とは言いません。なぜなら、人間が犬猫を飼う場合、その心の根底に必ずそれらによって癒されたいという欲求が隠されています。その限り、自己中心的なところがあるからです。

下座行は見返りを期待しての行為では決してありません。むしろ無功の純粋行です。しかし、その無功の行が期せずして何がしかの功用を呼び込むことがあるのです。例の婦人の場合はつらかったであろう下座行の結果、家庭が円満になりました。玄峰老師の場合は災難に遭わずに済みました。何とも不思議なことですね。

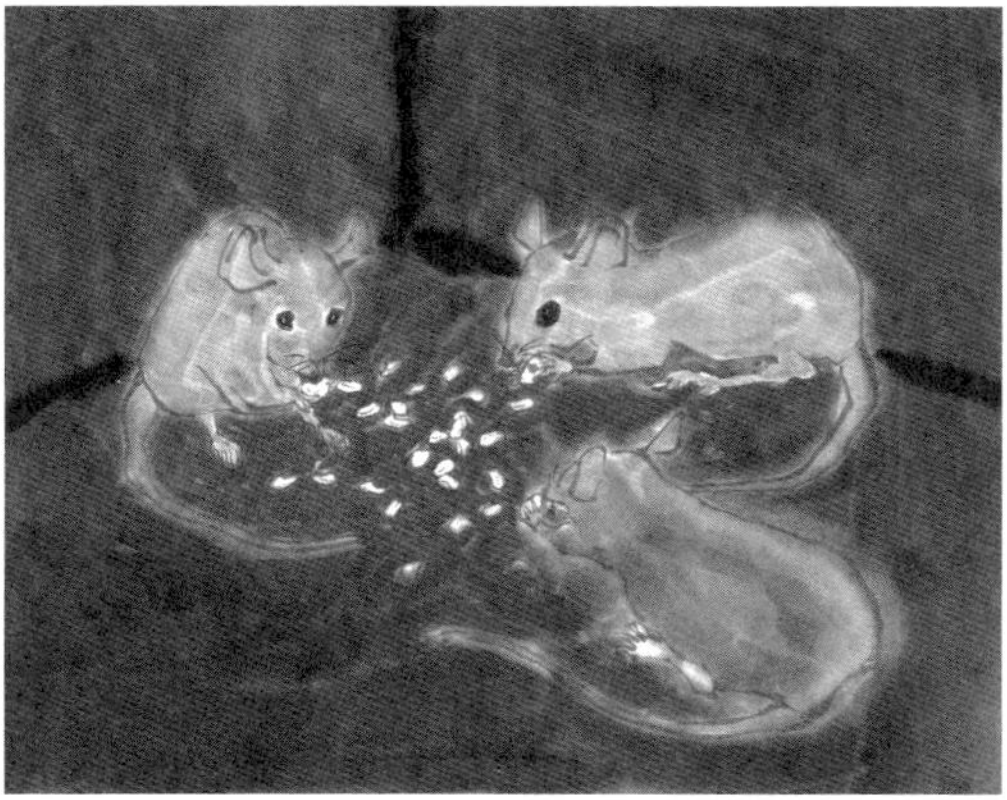

第三八話　まっすぐにお行きなさい（山頭火）

ほろほろ気分になって宿の方へ歩いていると、ぴこりと前に立ってお辞儀をした男があった。「あなたは禅宗の坊さんですか。わたしの道はどこにありましょうか」「道は前にあります、まっすぐにお行きなさい」。彼はわたしの即答に満足したらしく、彼の前にある道をまっすぐに行った。

（種田山頭火『山頭火句集』）

「驀直《まくじき》に去れ」

これと似た話が『無門関』に見られます。ある僧が老婆に台山《だいさん》への道をたずねますと、老婆は「まっすぐにお行きなさい（驀直に去れ）」と答えます。それを聞いて、僧は言われた通り数歩行きかけます。このあたりまで、両方の話は同じです。すなわち、まず進むべき道が問われ、それに対してまっすぐ行くよう指示されて、質問者がその通りに歩を進めます。ところが『無門関』の方ではこの後、老婆――例によってこの老婆は、普通の婆さんではなく悟りを開いた達人です――が皮肉たっぷりに「できのいいお坊さんだね、またしてもあのように行きなさる（なんとも情けないことだ）」と言ったということになっています（第三十一則「趙州勘婆《じょうしゅうかんば》」）。これはどういうことでしょうか。

悟りへの道

ここに「台山」とあるのは五台山のことで、文殊菩薩の霊場とされ中国では仏教の一大聖地とされていました。僧は台山に登って文殊菩薩を拝し、文殊の智慧（悟り）にあやかろうとしたに違いありません。ですから、台山への道とは悟りへの道ということになります。

では、本当の意味で悟りへの道とはどういう道を言うのでしょうか。それは文殊を祀《まつ》った台山への道を行くことではあり得ません。「できのいいお坊さん」

はそこのところがわかっていませんでした。だから、「まっすぐお行きなさい」と言われて、のこのことまっすぐ歩きはじめたのでした。

「僕の前に道はない」

老婆は悟りの道は「まっすぐ行くこと」だと教えました。そこで、「まっすぐ行く」ことの意旨が問題となってきます。禅の立場から言えば、あらかじめまっすぐな道が存在しているわけではありません。高村光太郎の言葉を借りれば、「僕の後に道はできる」かもしれませんが、「僕の前に道はない」（『道程』より）のです。もっと言えば、道もなければ何もかもない、「本来無一物《ほんらいむいちもつ》」なのです。当然、自分もありません。ここのところが禅の押さえどころになりますから、このことを自分で会得することがまず先決です。

無心の道

この何もない無心のところから、禅の智慧によってはたらいていく、それが道です。誠の心、直心《じきしん》が直進の道であると言うこともできるでしょう。この道こそは何もさえぎるもののない無碍の一道（何もさえぎるものがない一本道）であり、また広々とした天下の大道であります。そして、この大道は豊かなことこの上ない安心《あんじん》の場所に通じています。そういうことを禅は「大道無門、千差路有り」（『無門関』自序）、「大道、長安に透《とお》る」（『碧巌録』第五十二則）などと表現しています。そして禅は、この道を行くことは決して特段のことではなく、坦々とした日常の生活がそれであると教えています。「平常心《びょうじょうしん》是《こ》れ道《どう》」（『伝灯録』）と。

わたしの来た道

人生は決して平坦な道ではありません。この言葉のようにわたしの来た道も、実に青息吐息のつづく困難な道でした。結局、わたしは自分らしい生活がしたく、しかしそれがなかなか見つからず、あがき、もがきながら、随分と長い間、それを求めつづけてきたのだと思います。

紆余曲折の人生が真実一路の道であった、ということは言い得ることではありますが、わたしの場合は、無心で歩んできたのではなかったので、それを言うことは強弁になるでしょう。

さて、山頭火《さんとうか》に言われて自分の前にある道をまっすぐ行ったあの人は、どこへ行ったでしょうか。

第三九話　「円朝」「ハイ」（禾山）

「円朝《えんちょう》」と禾山《かさん》が呼ぶので、円朝が「ハイ」と答えると、再び呼んでいった。「円朝」「ハイ」「わかったか」「わかりません」「汝《うぬ》は返事をしながら知らんのか」というと、禾山は三度呼んでいった。「円朝」。「ハイ」と答えた円朝は、そこでハタと悟るところがあった。

（禅文化研究所編『禅門逸話選』中）

ここに出る禾山は、伊予八幡浜の西山禾山《にしやまかさん》老師（一八三七―一九一七）のことで、「禾山解打鼓《かさんかいたく》」で知られる中国の禾山無殷《かさんむいん》禅師（八八四―九六〇）のことではありません。中国の禾山は、相手が何を問うてきても答えはいつも「解打鼓（ワシは太鼓が打てる）」の一点張りで、『碧巌録』第四十四則にその話が載せてあります。

何をどう悟るか

さて三遊亭円朝は禾山和尚に自分の名を三度呼ばれ、その三度目の「ハイ」のときに悟るところがあったというのですが、一体何をどう悟ったというのでしょうか。ここは大変難しいところですが、実を言えば、これが悟りだと言葉で言えるものはありません。悟りは言葉を超越した体験だからです。そのことを十分承知した上で、悟りの内容をあえて言葉を使って説明すれば、それは何もない（絶対の無）ということに感応したということであったとでも言えばよいのでしょうか。円朝の三度目の「ハイ」は天地一杯の「ハイ」、従って「ハイ」もない「ハイ」でした。その何もない「ハイ」が円朝のなかで反響したのでした。円朝が「ハタと悟るところがあった」というのは、そういうことであったろうと思います。

《下坐》第三九話　「円朝」「ハイ」（禾山）

阿難《あなん》の「ハイ」

円朝の場合、「ハイ」が悟りのきっかけになったわけですが、天地一杯に「ハイ」が言えれば、その限りその人は悟っていると言うことができます。『無門関』につぎのような話が出ています。お釈迦さんの法を嗣いだ迦葉《かしょう》尊者に阿難があるとき、「釈尊はあなたに伝法の印として、金襴の袈裟の他に何かお伝えになりましたか」と尋ねました。すると迦葉はその問いに直接答えることなく、いきなり「阿難」と呼び掛けられました。阿難は思わず「ハイ」と返事をしました。それを聞いて迦葉は阿難の悟っていることを認められて、その日の説法を取りやめてしまわれました（第二十二則「迦葉刹竿《かしょうせっかん》」）。病気でない人に薬はもはや必要ないわけですから。

なお、興味のある方は『無門関』第十七則の「国師三喚《こくしさんかん》」の話も参考にしてみてください。

「ハイ」は無の反響である

上田閑照《うえだしずてる》先生が天龍寺の平田精耕《ひらたせいこう》老師（一九二四―二〇〇八）を訪ねられた

ときのことです。老師が何か用事があって雲水を呼びつけられると、すぐに「ハイ」という大きく透き通った声が返ってきました。それを聞いて、先生は何とも言えない清々しい気持ちにさせられた、と語っておられました。「ハイ」がそのように清澄性をおびるのは、それが無から出ているからです。

それと反対に鈍い返事は人を嫌な気にさせるものです。わたしにこんな経験があります。緊急の用事があって、ある人に電話をしました。なかなか繋がらなくて、やっと繋がったと思ったら、電話の向こうから聞こえてきた第一声が、「何なんですか」でした。わたしは大変嫌な気持ちになりました。相手は休暇中であったようで、その点、わたしの方にも配慮にかけていたところがあったと思いますが、「何なんですか」という返事には濁りがあっていただけません。

沢庵宗彭《たくあんそうほう》禅師（一五七三―一六四六）もつぎのように言っています。

たとえば、〝右衛門〟と呼びかけると、〝アッ〟と答える石火のはたらきが不動智です。〝右衛門〟と呼ばれて、何の用だろうなどと考えて、その分別にたって〝何の用ですか〟などというのは、煩悩に止まるものです。（市川白弦『不動智神妙録』）

この文中の「アッ」は、ここでは「ハイ」に、「不動智」は「悟りの智慧」に置き換えて読んでください。

こういうわけですから、みなさん、〝ハイ〟を「なめたら、いかんぜよー」（鬼龍院花子の決め台詞）。

余滴 よてき

第四〇話　文字の何たるかをご存じない（道元）

道元《どうげん》が留学僧として慶元府《けいげんふ》（寧波《にんぽう》）の港に停泊中の船に止《とど》まっていたとき、ひとりの典座《てんぞ》役の老僧がそこへ食料品を買いにやってきた。道元が尋ねた。「あなたほどの老僧がどうして典座役といった下働きをなさっているのですか。どうして参禅弁道《さんぜんべんどう》や語録などを読む時間を犠牲にされているのですか」。すると、老僧は笑っていった。「あなたはまだ弁道の何たるか、文字の何たるかをご存じないようじゃ」。

（道元『典座教訓』）

料理をすることは雑用ではない

道元禅師が二十四歳と、まだ若かったときの話です。典座とは僧堂で料理を担当する役位のことですが、修行僧たちの生命を預かる重要な役として、普通は熟練の僧がそれに当たります。それにしても、ここに出てくる阿育王山《あいくおうざん》の僧堂で修行していた典座役の僧は、あまりにも年齢がいっていたように見えました（実年齢は六十一歳であったと記されています）。禅の何であるかがまだ理解できていなかった道元にしてみれば、他の僧たちのために食事の用意をするなどということは、禅修行の本来からはずれた雑用のように思えたのでしょう。仏祖の経典や語録を読み、参禅しながら仏道を会得することこそ、禅修行の本道であるはずだ、だから、そういった「雑用」は若い僧たちにまかせておいて、老僧たるものは「本業」にもっと精をだすべきではないかと、こう考えていました。道元のそういう考え方に対して、老典座は「外国のお方よ、未だ弁道を了得《りょうとく》せず、未だ文字を知得《ちとく》せざること在り（外国から来られたお方よ、あなたはまだ仏道に精進することの意味をよく知らんようじゃ。文字のなんであるかもご存知ないようじゃ）」と、きっぱり言い放ったのでした。「お前さんはまったくわかっておらんわい」と言わんばかりの口吻《こうふん》ですね。

典座の話で有名なのは雪峰《せっぽう》義《ぎ》存《そん》禅師（八二二―九〇八）です。典座寮（僧堂の台所）のことを、別に雪峰寮ということがありますが、これは雪峰が行脚の際には常に杓文字《しゃもじ》を携帯し、どこの僧堂に行っても自ら好んで典座役を買って出たからでした。このように禅修行に苦労し、人一倍努力した人でありましたので、雪峰の門下からは雲門文偃《うんもんぶんえん》禅師や玄沙師備《げんしゃしび》禅師といった錚々《そうそう》たる禅僧が続出しました。道元もやがて「文字を知り弁道を了ずる」ようになるのですが、それにはすでに見ました老典座の忠言が大いに役立ったと道元がのちに語っています。

真の文字とは何か

それではここで問題になっている真の弁道、真の文字とは何でしょうか。また弁道と文字は如何なる関係にあるのでしょうか。まず文字についてですが、文字が事物を表示するものである以上、真の文字は普通の意味でいう文字のように、事物について間接的に表現するものではなく、直接的に表示する、直指《じきし》するものでなくてはなりません。なぜなら、間接的なものは事物についての観念を示していても、事物そのものは表示していないからです。この意味で普通の文字は死文字です。これに対して、真の文字とは事実そのもの、生きた文字がそれであります。つぎの話をご覧ください。

これは中国での話です。昔ひとりの長老が経蔵の片隅でうずくまっていました。そこへやってきた経蔵の蔵主《ぞうす》が長老に尋ねました。「そこで何をしているのか」。長老いわく、「わたしは字が読めませんので、こうしてうずくまっております」。それを聞いた蔵主が、「ならば、わたしに尋ねればよろしい」と言うと、長老は手を胸の上にのせ、鞠のように身を屈めていいました。「では、この字は何と読むのでしょうか」。さすがの蔵主も、それには答えることができませんでした（『五灯会元』巻六）。

長老は「うずくまる姿」によって生きた文字を示したのでしたが、文字とは書物か何かに書かれた文字のことだとばかり思っていた蔵主には返答のしようのないのは当たり前のことです。さて、では皆さんはその文字はどうお読みになりますか。これは禅の公案です。

これで真の文字についてはおわかりいただけたのではないかと思いますが、真の弁道とは、生きた文字が書き得るように修練することだと言ってみたらどうでしょうか。

第四一話　白紙の手紙（玄沙）

玄沙《げんしゃ》がある時、自分の師匠である雪峰《せっぽう》への手紙を弟子にもたせた。雪峰が手紙を開いてみると、出てきたのは三枚の白紙の紙だけだった。そこで使いの僧に「わかるか」と尋ねると、僧は「わかりません」と答えたので、雪峰は「君子は千里同風《せんりどうふう》というではないか」と言った。帰ってから僧がその話をすると、玄沙は「あの親爺、わかっちゃおらんわい」と言った。

（『伝灯録』巻十八）

玄沙師備禅師《げんしゃしび》の最後の言葉はこの場合、文字通りに解する必要はないと思います。禅でよく使う「抑下《よくげ》」と言われる手法で、貶《けな》しているようで実は大変褒めているのです。この話の中心はやはり「君子は千里同風なり」にあります。禅の世界では「問う者は親しからず、親しきは問わず」と言ったりしますが、相手の腹の底までわかり合った親しい間柄（知音《ちいん》）では言葉など不要で却って邪魔になります。このことはわれわれの日常の生活においても当てはまることだと思います。本当に気心のわかりあったもの同士なら、黙っていても相手の気持ちがわかるものです。

たった三文字の電文

わたしにはこの白紙の手紙の話で思い出すことがあります。それは昔、新聞で読んだもので、少し記憶違いがあるかもしれませんが、日本が南極大陸に昭和基地を設営していろいろの観測を始めた最初のころ、当時の文部省は越冬隊員を出した家族のために、隊員と交信する電報料金を無料にするという粋な計らいをしました（現在のような電子メールのまだない時代でしたので）。その家族の中に結婚したてのひとりの女性が含まれていました。このカップルの別離はまさに生木を割くようなものだったに違いありません。電報料金が無料であったわけですから、普通なら字数を気にせず、思いのたけを綴った長文を認めてもよいはずですが、その新妻が夫に送った文面は、何と「アナタ」というたったの三文字だったのです。このことが評判になりました。彼女には書きたいことが山ほどあったかも知れません。けれども、新妻は結局、「アナタ」の三文字に決めました。わたしたちはその理由を詮索したくなりますが、それは想像の域を出ませんので止めておきます。

それよりも、新妻が電文をたったの三文字に限定することによって、彼女が夫に自分の気持ちを訴える効果は抜群なものになったことでしょう。どうしてかと言えば、夫は自らの想像によって思いのままに、「アナタ」のつぎに次々と文章を重ねていくことができたからです。それは限りなく可能なことですから、千万語を費やして綴った手紙よりも、内容の点では遥かに豊かなものになります。

しかし、残念ながら含蓄《がんちく》の点では新妻の電文も玄沙の白紙の手紙には敵《かな》いません。「無《む》一物《いちもつ》中《ちゅう》無《む》尽蔵《じんぞう》、花あり月あり楼台《ろうだい》あり」で、無こそ真の無限、実の豊穣を約束するものだからです。また、東洋、とくに日本の詩歌や絵画の世界でも余白の効果がいわれます。しかし、これらの場合についても、その余白は「余」白であって、その点で限定されていますから、その効果もやはり限定的にならざるを得ません。それに対して、玄沙の「白」紙は完全な無でした。それゆえに、そこからの創出もまた無限の可能性を孕《はら》んでいたのでした。

第四二話　一二三四五〈禅の数学〉（趙州）

僧が趙州《じょうしゅう》に質問した、「すべてのものは結局のところ、究極的な一に帰着するが、ではその一はどこに帰するのですか」。趙州いわく、「わしが故郷におったときになぁ、服を一着つくったが、重さが七百匁《もんめ》あったよ」。

（『碧巌録』第四十五則）

「万法帰一《まんぽういちにきす》、一帰何処《いちいずれのところにかきす》」

禅は割合と数字と縁があります。禅の初心者は三昧を修練するために数息観《すそくかん》という呼吸法を実践しますが、これは一から十まで数を数えながら深く呼気と吸気を繰り返します。また禅の語として「前三三、後三三」「一二三三二一」、さらに「三八九を明らめずんば、境《きょう》に対して所思《しょし》多し」など、暗号めいた言葉もあります。

さて、この趙州従諗《じょうしゅうじゅうしん》禅師と僧との問答には「一」が出てきます。そして、この一が問題となります。「すべてのものは一に帰する（万法一に帰す）」、ところで、「その一は何処《いずこ》に帰すのか（一何《いず》れの処にか帰す）」。これは哲学の根本問題の一つでもあります。すでに古代ギリシアではアルケー（ものの始源）の問題として、そのことが論じられ、あるものは水がそれだと言い、またあるものは、いや、「無限定なもの」がそれだと主張したりしました。しかしながら、その一なるものが何であるにしても、そこには一つの問題が残ることになります。究極的な一は確かに一以外のすべてのものの根源たり得ましょうが、では一自体の根源は何なのかという問題が残されることになるからです。今は万物が問題なのですから、一自体も当然その中に含めて考えるのでなくてはなりません。ここに、その問題に関する従来の考え方に論理的な不徹底が見られます。これはちょうど、神を一切の創造主とする考えに対して、神自体の造り主を問題にするのと同じことになります。

箸《はし》は箸自身をどう摘《つ》まむことができるか

箸は箸以外のものを摘まむことができましょうが、その箸でそれ自身を摘まむことはできません。そうである以上、箸はすべてのものを摘まむことができるとは言えません。同じように、もし一が統一の対象に一自身を含めることができないならば、その一は究極的な一とは言えません。

それでは一自身をも統一の対象にし得る一とは、どのような性格の一でしょうか。それは一が一自身と一つになった一、このとき一は一を脱落して無、数字で記せば〇《ゼロ》となります。すなわち、禅の立場では真の一は〇《ゼロ》、あるいは無的な一です。しかし、このような一はどのように可能でしょうか。それは、わたしたちが成り切って「一」を言うときです。あるいは倶胝《ぐてい》和尚（生没年未詳・唐代の禅僧）のように、成り切って一本指を立ててもかまわないでしょう（『無門関』第三則）。

このことが会得できれば、先の問答の後半部分が理解しやすくなります。後半部分では、僧が一の帰着するところを尋ねたのに対して、趙州が「わしが故郷におったときになぁ、服を一着つくったが、重さが七百匁あったよ」と答えています。この場合も一は普通の意味の一ではなく無的な一のことですから、「無一物中無尽蔵、花あり月あり楼台あり」で、一切がそこから展開してくる創造的な無です。そこを趙州はその場の禅機によって、あのように答えたにすぎません。

「一二三四五」

もう一つ禅の数学について お話しします。野球選手が剛速球のピッチャー

からヒットを打ったような時、インタビュアーが「よくあの球が打てましたね」と尋ねると、選手が「目をつむって、一二三で打ちました」と答えているような場合がよくあります。すこしオーバーにも聞こえますが、わたしはあながち全くの嘘ではないだろうと考えています。このことを禅のお話によって説明してみましょう。

これは趙州がまだ師匠の南泉普願《なんせんふがん》禅師の下で修行していた時の話です。趙州が井戸の屋形に上って水を汲んでいると、下を南泉が通りかかりました。そこで趙州は師匠を試すためでもあったのでしょう、いきなり柱を抱えて脚をぶらさげながら、「助けてくれ、助けてくれ」と叫びました。すると、南泉は梯子を手で打ちながら、「一二三四五」と言いました。なんと趙州はその「一二三四五」で救われたと言うのです（『趙州録』）。これは一体どういうことでしょうか。それは趙州が「一二三四五」に成り切り、そのことにより危機を忘れ、忘れることによって危機を脱することができたのです。

他によく似た話があります。ある和尚に「あなたはどんな風にして人を導かれますか」と問いますと、「一二三四五六七」と答えたと言います。また、良寛さんは手毬の極意を聞かれて、やはり「一二三四五六七」と答えています。この場合、数字の数、つまり五までとか、七までとかは問題ではありません。「一二三」でいいでしょうし、何なら「一」だけでもかまいません。要は、その数に成り切ることです。成り切って無の境地にいたることです。それがすべてに通じる妙法なのです。そこで先の野球の話にもどります。もうおわかりだと思いますが、剛速球が打てたのは、その選手が「一二三」と成り切り、無我の境地になっていたからだと思います。

第四三話　馬鹿は死ななきゃ治らない（無難）

生きながら死人となりてなり果てて　思いのままにするわざぞよき

（至道無難『即心記』）

無難とは至道無難《しどうぶなん》禅師（一六〇三―一六七六）のことで、その法は正受老人《しょうじゅ》道鏡慧端《どうきょうえたん》禅師から白隠慧鶴《はくいんえかく》禅師へと嗣がれていきます。その名前は、「至道無《しどうぶ》難《なん》、唯嫌揀択《ゆいけんけんじゃく》」（第一〇話参照）の話を悟得して印可を受けたことに由来します。

わたしたちは大馬鹿者である

わたしたちはまず自分が大馬鹿者であることを自覚しましょう。その意《こころ》は、わたしたちはみな有りもしないものを有ると思っているからです。

「馬鹿」の語源については諸説があるようです。その一つに中国の歴史書『史記』（秦始皇本紀）に見いだされる、つぎのような話に起源を有するという説があります。

始皇帝の後の二世皇帝胡亥《こがい》のとき、趙高《ちょうこう》という陰謀をたくらんでいた丞相がいました。彼は宮中の連中が本当に自分に従順なのかどうかを確かめるために、皇帝に鹿を差しだして「馬を献上いたします」と言いました。皇帝は笑って「丞相は変なことを言っておるぞ。鹿のことを馬だなどと」。そう言いながら、左右のものたちに問うてみました。そう問われて、黙っている者や、馬ですと言って趙高におもねるものも出ました。「鹿です」と正直に言ったものもありましたが、そういう人たちは趙高に処刑されてしまいました。状況がどうであれ、鹿を馬だというのは間違っており愚かなことに違いありません。そこから、そういう間違いを犯す愚かなことを「馬鹿」というようになったというわけです。

根本転倒

この話を引き合いに出しましたのには理由があります。仏教の立場から見て、わたしたちは根本的な取り違えをしているからです。一切皆空《いっさいかいくう》を説く『般若心経』が教えていますように、事物の真相は無であります。そうであるにもかかわらず、ほとんどの人は有ると考えています。無いものを有ると考えるのは、鹿を馬と言うよりももっと根本的な過ち（根本転倒）ではないでしょうか。そうだとすれば、そういう過ちを犯している人はみな大馬鹿者だということになります。

今言う根本転倒は、多くの場合ほとんど自覚されていません。つまり自分が馬鹿だと気づいていないことが多いのです。「馬鹿につける薬はない」と言いますね。だから、その点でいっそう深刻なわけです。この転倒を直す方法はただ一つ、大死《たいし》する他はありません。大死一番、絶後に蘇る（一度死にきったところから生きかえること）。そして、「死人となりて」生きる、それが至道《しどう》ということです。

本物の大馬鹿者（大愚）になろう

ある時、キリスト教の牧師がやってきて、「禅宗という宗教は一体何をやる宗教ですか」と尋ねると、竹田《たけだ》黙雷《もくらい》老師は「馬鹿になることじゃ」「ホゥ、馬鹿になるのに、お経を読んだり、早起きしたり、坐禅したり、骨がおれるものですね」というと、老師はぐっと睨みつけて、「そうさ、お前さんのような賢そうな奴からカナケをとって、一人前の馬鹿に仕立てあげるには二、三十年はかかろうて」と言わ

れて、牧師はこの一言には参ってしまって、以後、牧師をやめて和尚の膝下に参じたということです。（大浦貫道『黙雷禅師遺芳』）

死人になるということは、また大馬鹿（大愚）になるということでもあります。なぜなら、死人は是非善悪などの分別心《ふんべつしん》もなくなっていますが、これを分別心のある人々から見ると、馬鹿同然に見えるからです。禅の世界には、「魯《ろ》のごとく愚《ぐ》のごとし」という言葉がありますが、これは禅あるいは仏教に生きる者の理想の姿を指しています。大愚良寛《たいぐりょうかん》、愚禿親鸞《ぐとくしんらん》の「愚」は分別を離れた立場を表明しています。同じ馬鹿なら、そのような本物の大馬鹿者になりたいものです。

北野大雲（きたの・だいうん）

1943年、大阪に生まれる。京都大学大学院博士課程単位取得退学。大学教員をしながら長岡禅塾に通参（その間、1年間塾生として禅塾で禅修行の生活）。相愛大学名誉教授。2008~2009年、建仁僧堂に掛搭。長岡禅塾第三世半頭大雅（浅井義宣）老師に嗣法。現在、長岡禅塾副塾長として塾生ならびに通参の社会人の指導に当たる。

禅に親しむ

平成28年9月16日　初版第1刷発行

著　者　北野大雲

発　行　公益財団法人 禅文化研究所

〒604-8456　京都市中京区西ノ京壺ノ内町8-1
花園大学内

TEL 075-811-5189　info@zenbunka.or.jp

http://www.zenbunka.or.jp

印　刷　ヨシダ印刷株式会社

ISBN978-4-88182-299-9 C0015